李白

li bai

李长之 著

浙江文艺出版社
Zhejiang Literature & Art Publishing House

图书在版编目(CIP)数据

李白 / 李长之著. —杭州:浙江文艺出版社,2023.8(2024.6重印)
ISBN 978-7-5339-7330-8

Ⅰ. ①李… Ⅱ. ①李… Ⅲ. ①李白(701-762)—传记 Ⅳ. ①K825.6

中国国家版本馆CIP数据核字(2023)第147720号

责任编辑 张恩惠
责任印制 张丽敏
装帧设计 徐然然
营销编辑 李 博
数字编辑 姜梦冉 诸婧琦

李白
李长之 著

出 版 浙江文艺出版社
地 址 杭州市环城北路177号
邮 编 310006
电 话 0571-85176953(总编办)
0571-85152727(市场部)
制 版 浙江新华图文制作有限公司
印 刷 浙江新华印刷技术有限公司
开 本 880毫米×1230毫米 1/32
字 数 60千字
印 张 4
插 页 1
版 次 2023年8月第1版
印 次 2024年6月第2次印刷
书 号 ISBN 978-7-5339-7330-8
定 价 25.00元

目录

一 楔子

唐　李昭道　龙池竞渡图(宋摹本局部)

一　中国人民热爱的诗人

李白是在中国历来的诗人中受到人民普遍热爱的一位。

李白的名字在我国人民中间是这样的通俗，提起他，很少有人不晓得。在戏里，有《太白醉酒》的戏；现在在乡间的酒店里还常见到“太白遗风”的招牌；在小说里，有最通行的小说《今古奇观》里的“李太白醉写吓蛮书”一段；在民间传说上，各地的儿童都知道李白逢见一个老太婆要把一根大铁杠磨成绣花针的故事——李白的用功，据说就是受了这事的感动。就作品论，凡是认得几个字的，都能背出李白的“床前看月光，疑是地上霜。举头望明月，低头思故乡”的诗；就名胜古迹论，各地也都争着传说有李白的足迹，这里也说他曾读过书，那里也说他曾歇过脚。李白在中国人民心目中是这样熟悉，印象是这样深刻，所以很多人仿佛一闭上眼睛，就可以想象出李白是什么模样儿。

二　先给李白画一个素描

李白到底什么样儿呢？一般人却只是凭想象去猜想。也有些画家去画李白的，但也只是从李白的作品里去揣摩李白的性情、精神、爱好，而想着画罢了。李白真正什么样儿？我们试从李白自己以及他同时的人的记载里去找找看。

当然，这些记载是不完全的，因而我们也不可能构成一幅完整的李白的肖像。然而有几点，却是可以肯定的：

李白最特别的是两只眼睛，这一点给人印象很深。对李白很崇拜的诗人魏万，曾经跑了三千多里，就为的去找李白。据他的记载是“眸子炯然，哆如饿虎”[①]（眼珠剔亮，大得像饿虎的眼似的）。李白另一位朋友崔宗之也有诗道“双眸光照人”[②]。可见这一点是公认的了。

李白最喜欢谈。在崔宗之的同一诗里就说：“清论既抵掌，玄谈又绝倒。分明楚汉事，历历王霸道。”这是说他爱发议论，能谈哲学。熟悉汉高祖楚霸王那样的历史故事，又能谈一套政治理论。据李白自己的记载，他一个本家弟弟李令问曾经醉中问他：“哥哥的五脏都是绣花缎吗？要不，为什么开口就说得那样漂亮，下笔就那样哗哗不止呢？”他也大笑，自己承认了。[③]

李白喜欢穿紫袍子。他曾在金陵（现在的南京），把自己的紫皮袍拿去换酒，“解我紫绮裘，且换金陵酒。酒来笑复歌，兴酣乐事多”[④]。他也曾穿着这紫皮袍去看朋友，“草裹乌纱巾，倒披紫绮裘。两岸拍手笑，疑是王子猷”。这是

---

① 魏万《李翰林集序》，是李白逝世前一年（公元761年）作。

② 崔宗之《赠李十二白》。

③ 李白《冬日于龙门送从弟京兆参军令问之淮南觐省序》：“常醉目吾曰：‘兄心肝五藏，皆锦绣耶？不然，何开口成文，挥翰雾散？’吾因抚掌大笑，扬眉当之。”

④ 李白《金陵江上遇蓬池隐者》。

说他潦潦草草地把黑纱在头上一缠，紫皮袍随便一穿，人们见了，是一阵哄笑，竟以为是晋朝那位爱看雪景又最有豪兴去访友的王子猷呢。[①]这两处都是他自己的记载。

李白还常带着刀子。这是因为他会武术，也杀过人[②]，恐怕还入过下层社会组织[③]。崔宗之的诗里就说他“袖有匕首剑”。

又因为李白曾经长期间学过“道”——中国道士那一套的“道”，所以他有一套道士的制服，魏万曾这样记载。[④]他经常带着道书，以及道士炼丹用的药等，他同时的一个诗人独孤及就这样记载着他的行装。[⑤]他自己的《夏日山

---

① 李白《玩月金陵城西孙楚酒楼达曙歌吹日晚乘醉著紫绮裘乌纱巾与酒客数人棹歌秦淮往石头访崔四侍御》。

② 魏万《李翰林集序》：“少任侠，手刃数人。”

③ 李白有《赠武十七谔》诗，其序说：“门人武谔，深于义者也。质木沉悍，慕要离之风。”可见这种门人是属于武侠一流，所以可能是指一种流民的结社，就像孔亮喊宋江是师父似的。李白又有《秋夜于安府送孟赞府兄还都序》一文，说：“夫士有饰危冠，佩长剑，扬眉吐诺，激昂青云者，咸夸炫意气，托交王侯。若告之急难，乃十失八九。我义兄孟子，则不然耶？”上面所说正是流民的行径，下称义兄，可见也正是指的这一方面的结义弟兄。

④ 魏万《李翰林集序》：“曾受道箓于齐，有青绮冠帔一副。”

⑤ 独孤及《送李白之曹南序》：“是日也，出车桐门，将驾于曹，仙药满囊，道书盈箧。”

中》诗说：

懒摇白羽扇，裸袒青林中。
脱巾挂石壁，露顶洒松风。

他的《山中答问》诗说：

问余何意栖碧山，笑而不答心自闲。
桃花流水窅然去，别有天地非人间。

这就更给人一个印象，真是飘飘欲仙了。李白是不是真是一个不关心人民的“神仙”人物呢？不是的，如果那样，他就不配称为中国一个大诗人了，而且，如果那样，他也就不会为人民这样热爱了。但这样的误会，是容易发生的。关于这，以后要详细谈到。

这就是我们对他的几个可靠的具体的印象：大眼睛，挺精神，喜欢穿紫色，带着短刀，有道士服装，也有道士的书和药，各地游荡，爱好谈论，人们看去，仿佛是仙人。

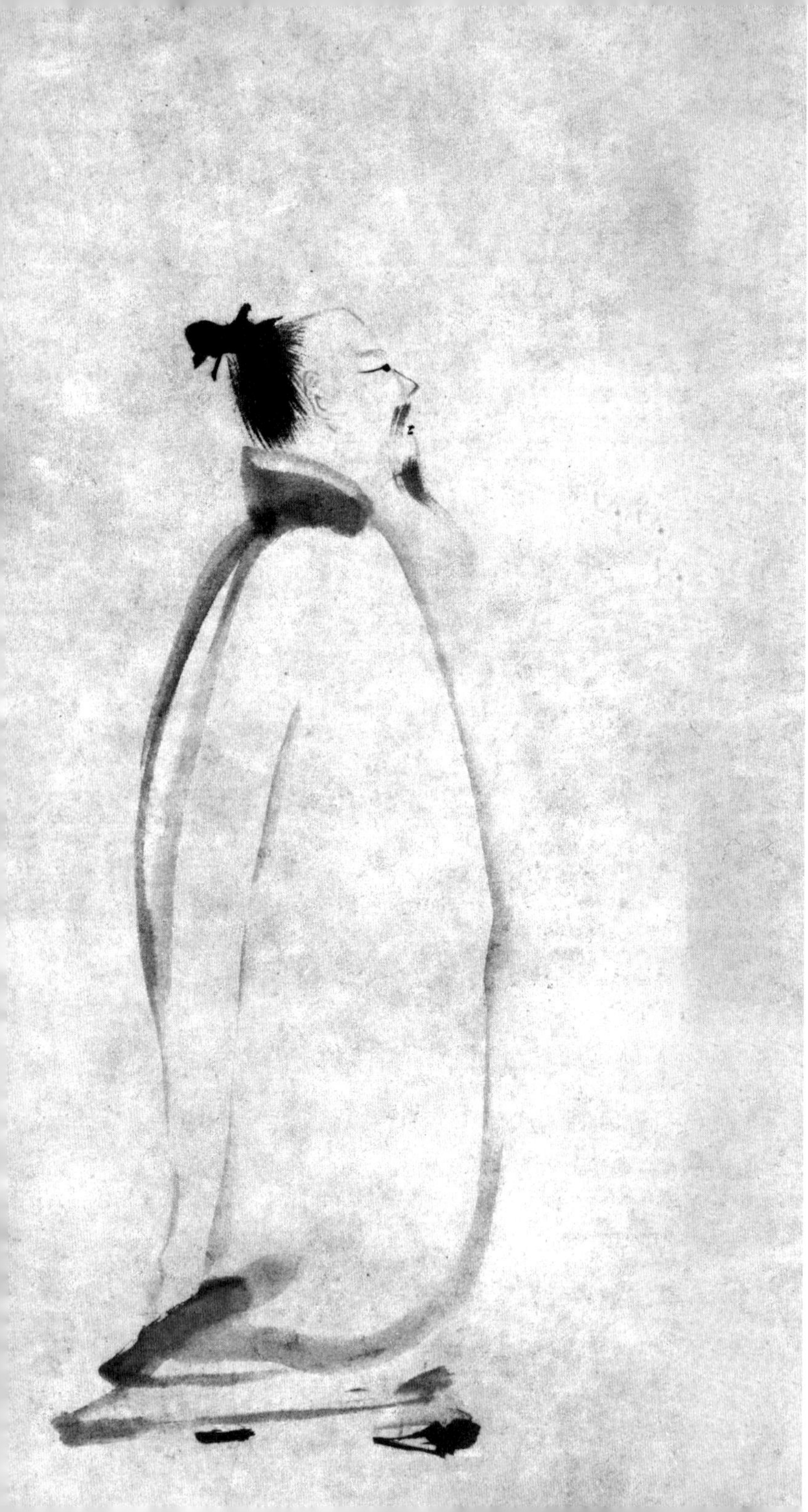

二 李白的故乡和他的少年生活

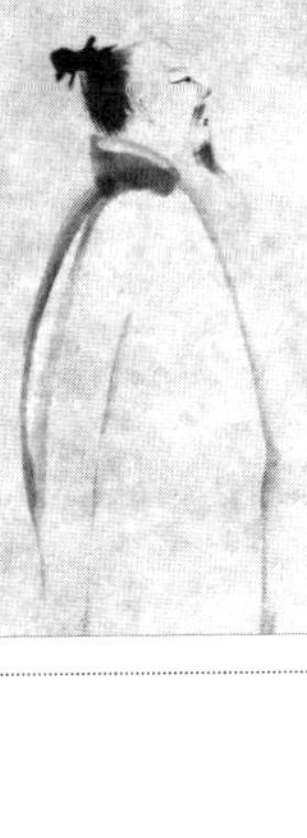

南宋　梁楷　李白行吟图(局部)

但上面所说的李白的样子，已经是一个中年人了。我们现在却要追叙到他的小时候去。

我们首先要问，李白是什么地方人呢？关于这，曾经有过不同的说法，或者说是陇西，那就是现在的甘肃，或者说是四川，或者说是山东，或者说是外国人。[①]就是他自己，在不同的机会，也曾说过不同的籍贯。

根据最可靠的说法（所谓可靠，是根据他的同时人李阳冰的记载，以及他的朋友范伦的儿子范传正的记载），是他在五岁的时候（公元705年），确切在四川北部彰明县青

---

① 陈寅恪《李太白氏族之疑问》（《清华学报》十卷一期）。

莲乡度过他的童年。五岁以前呢,谁也不清楚了。[①]

我们现在知道的是:他父亲本来也没有姓,是因为见李树而姓了李,[②]名字也几乎没有,只因为客居在四川,被人称为“客”,就叫客了。[③]李白在诗文里很少提起他的父母,只有一次提到他父亲曾叫他念司马相如的赋。[④]

他五岁所在的这个地方,也是奇怪的。我们刚才说的彰明县青莲乡,现在称青莲场。这地方在绵阳县正北六十五华里。这地方有一个名字很有诗意的去处,叫漫波渡,现在还有太白祠,据说那就是李白的家。

我们为什么说这个地方奇怪呢?因为,所谓漫波渡,是现在人这样叫,早一些的记载却称为蛮婆渡[⑤],那就是说,这地方很有一些外国妇女,或者少数民族。

---

① 以前有些人根据李白的作品和李阳冰的《草堂集序》认为他是陇西成纪人,其实是误会。陇西成纪是指郡望,并非实际的籍贯。郡望和实际的籍贯的不同,陈寅恪《唐代政治述论稿》中有所说明。

② 李阳冰《草堂集序》,此序作于李白逝世的一年(公元762年)。

③ 范传正《唐左拾遗翰林学士李公新墓碑》,此文作于李白逝世后五十六年(公元817年)。

④《秋于敬亭送从侄耑游庐山序》:“余小时,大人令诵《子虚赋》,私心慕之。”

⑤《四川总志》,见王琦辑注《李太白集》引,王书成于1759年,可见这记载还要靠前。

现在漫波渡这个地方，却也名副其实。如果在春夏去游，水是那样清，远远地看去就云气蒸腾似的，有些淡淡的白雾，天和水是不大分的，真是“漫波”！岸上是一片淡黄花的树，夹着一些青竹，有些缥缈，有些空虚，也真仿佛李白的诗境！——李白就在这样的地方，度过他的童年。

现在当地的人对李白有着普遍的充分的敬爱。很有趣的，是当地人对李白一律称为太白先生，也不称老爷，也不直呼其名，也不称什么官。真再也没有比这个称呼好的了。

这地方还留下了一件和李白有关的古迹，那就是传说是李白的妹妹月圆的坟。这坟很小，杂在许多乱坟堆里。碑也已经破坏，“月圆之墓”只剩下了“之墓”二字，“圆”字只剩下了最后一道横画，看起来，是“一之墓”的样子。可是碑后还有残存的小字，令人知道确是所谓月圆坟。这样一个地方，实在不容易找，可是笔者在1943年2月22日去访问的时候，却由于一个捡粪的老百姓的指引而找到了。当地人对李白是多么敬爱，多么熟悉，又多么普遍地宝爱和诗人有关的事物呢！

李白大概在很小的时候，就接触过道教的书。所谓

“五岁诵《六甲》”[1]，虽不一定准是五岁，但总是很小了。这大概给了他很大的影响，让他一生脱离不了道教，虽然以后学道的动机又有多种。

大概在他二十岁以前，曾经和一个隐士叫东严子的，隐于岷山。[2]岷山大概指现在成都附近的青城山。他自己说，曾经隐了好几年，不入城市。他们养了上千的稀奇的禽鸟，都喂熟了，一叫，就都能飞来手心里吃东西。有人说这个东严子就是赵蕤。[3]赵蕤是始终没出四川的隐士，曾经被当时的官吏荐举过，然而被拒绝了。赵蕤是一个学者，也爱谈政治。可能东严子就真是赵蕤。后来李白时而想过问政治，时而想隐退，也可能就是受了这人的教育的影响。李白出川后，曾有《淮南卧病书怀寄蜀中赵征君蕤》诗说“朝忆相如台，夜梦子云宅”，可见赵蕤也是李白很亲密的友人，在四川也常常一道玩儿，所以更可能就是东严子了。

---

① 李白《上安州裴长史书》。王琦以为六甲是指六十甲子，但我以为这是指《武帝内传》所谓的“六甲灵飞”等，是一套迷信把戏。

② 李白《上安州裴长史书》。

③ 杨慎《李诗选题辞》。

在读书之外，李白很早就学习武术，他有“十五好剑术”[①]的自述。

他的写作也是很早的，他又有“十五观奇书，作赋凌相如”的自叙诗。[②]现在集中的《明堂赋》，可能就是他十五六岁时的作品。[③]

自然，像《明堂赋》这样的堆砌而没有内容的作品，是没有什么价值的。但我们由此而知道他在少年曾有过一段刻苦的学习写作的阶段，否则他不会运用那样丰富的典故，并构成那样大的篇幅，李白少年时，曾经刻苦用功，是没有问题的。因为，他一生是在流浪中，如果不是早打下了基础，以后不可能写出那样纯熟的诗歌。传说他逢见那磨针的老太婆的故事，也必定是由于他的用功而产生的。各地都有李白的读书堂，虽然可靠的未必很多，然而他在一般人心目中，是用功的却没有问题了。我们现在要指出的，只是他的用功，大概特别在未出川以前。说不定，就是在他跟着东严子，好几年不入城市的那一段期间。

---

① 李白《与韩荆州书》。

② 李白《赠张相镐》诗。

③ 据王琦《李太白年谱》中的推测语。

他离开四川以后，没回去过。他出川的时候，大概在他二十几岁。所以，凡是他写的川中景物的诗，都是他少年时期的作品。他作有《访戴天山道士不遇》一诗，那诗道：

犬吠水声中，桃花带雨浓。
树深时见鹿，溪午不闻钟。
野竹分青霭，飞泉挂碧峰。
无人知所去，愁倚两三松。

戴天山就是李白故乡彰明县的康山，可能这是现在保存下来的最早的作品，其他像他作的《登锦城散花楼》诗：

日照锦城头，朝光散花楼。
金窗夹绣户，珠箔悬银钩。
飞梯绿云中，极目散我忧。
暮雨向三峡，春江绕双流。
今来一登望，如上九天游。

又如《听蜀僧濬弹琴》诗：

蜀僧抱绿绮(琴名)，西下峨眉峰。
为我一挥手，如听万壑松。
客心洗流水，遗响入霜钟。
不觉碧山暮，秋云暗几重？

也都是少年时作的。在“极目散我忧”里，知道他少年时已有早熟的成人的苦闷；在“如听万壑松”里，已见出他少年时有着高度的诗的技巧。

四川给他的印象是什么呢？主要是一种奇险壮美的感觉，在他有名的《蜀道难》一诗中曾说：“黄鹤之飞尚不得，猿猱欲度愁攀援。青泥(岭名)何盘盘，百步九折萦岩峦。扪参(参是星名)历井(井也是星名)仰胁息，以手抚膺坐长叹。”又说：“连峰去天不盈尺，枯松倒挂倚绝壁。飞湍瀑流争喧豗(音灰，水流的声音)，砯(音烹，水打岩石的声音)崖转石万壑雷。”在《送友人入蜀》的一诗里也说：“见说蚕业路，崎岖不易行。山从人面起，云傍马头生。”像这种奇险壮美的感觉，使他的诗罩上了一层空无倚傍、创造而无所顾忌的气魄。

可是四川最让他留恋的，也许是在四川那样的山景中所见的月亮。这是像他在《峨眉山月歌》中所歌唱的：

峨眉山月半轮秋，影入平羌江水流。

夜发清溪向三峡，思君不见下渝州。

此后，凡是李白提到四川时，就总有一种浓烈的故乡情感，凡是想到故乡时，便总不能忘怀故乡的月亮。他在《峨眉山月歌送蜀僧晏入中京》（中京指长安，此诗作于武昌）中，开头就说“我在巴东三峡时，西看明月忆峨眉。月出峨眉照沧海，与人万里长相随”，最后还是劝这位同乡和尚，“归时还弄峨眉月”。他在《游秋浦白笴陂》诗中也说：“天借一明月，飞来碧云端。故乡不可见，肠断更西看。”

只有在这种联想上，我们才能懂得他那《静夜思》一诗里的滋味：

床前看月光，疑是地上霜。

举头望明月，低头思故乡。

原来他是看见了明月，就想起了四川的月亮，因而更不胜故乡之思呢。

他到了晚年，更是常常怀念他那没回去过的故乡四川了，像他在《宣城见杜鹃花》中所流露的：

蜀国曾闻子规鸟，宣城还见杜鹃花。
一叫一回肠一断，三春三月忆三巴。

李白的籍贯问题也可解决了：他五岁以前，我们虽然知道很少，但五岁到二十几岁这十五六年的光阴，我们却可确切知道他是在四川度过的。说他的故乡是四川，大概是没有问题的，因为诗人自己的怀念就是最好的证据。是在四川，他刻苦地读了书；是在四川，他打下了日后写作和从政的抱负的基础；是在四川，他萌卜了求仙学道的念头；是在四川，他获得了富有创造性的壮美的风格的源头。

三 壮年的漫游

清　王时敏　杜甫诗意图册(局部)

在李白出生的那一年(公元701年),唐朝还是在武则天的统治之下。在他五岁的那年,也就是他家住在四川彰明县的开始的一年,武则天死了。唐朝统治阶级内部经过了些斗争,到了李隆基(唐明皇)当朝的时候,李白十三岁了。唐明皇传位给李亨(唐肃宗)的时候,李白五十五岁。再过七年,李白就死了。所以,李白一生中,有四十多年,是在唐明皇的统治之下。大体上,也可说,李白是与唐明皇相终始的。

唐明皇统治的这个期间,最初也还振作,经济欣欣向荣,表面上是富裕了。所以,后来史家称为"盛唐"。文学艺术,都在这时发达起来。我们知道,和李白同年生的诗人有王维，比李白小十二岁的大诗人是杜甫。这三个大诗人，不但是唐代文学的三颗巨星，也是整个中国文学史上数一数二的人物。此外，中国大画家吴道子、大书法家颜真卿、大雕塑家杨惠之等，也都在这时候活跃着。盛唐国威也还大，北方的边患虽然没彻底解决，但在西方也曾打过几个胜仗。于是唐明皇就很享受了些统治阶级所惯好享受的骄奢淫逸的腐化生活。当然，阶级矛盾和民族矛盾的危机也就伏下了。

就在这所谓盛唐，危机还没十分表面化的时候，李白出了川，那时他大概二十五岁（公元725年）。他自己说："以为士生则桑弧蓬矢，射乎四方（见《礼记》），故知大丈夫必有四方之志。乃杖剑去国，辞亲远游。"[①]他是抱了很大的志愿（最初当然是功名富贵，后来却也关心到民间疾苦），离开家门的。

但离开四川，却也有些恋恋。他坐船到了湖北宜都的时候，就写有《荆门浮舟望蜀江》诗（荆门在宜都）：

① 李白《上安州裴长史书》。

春水月峡（地在重庆）来，浮舟望安极！

正是桃花流，依然锦江（成都的蜀江）色。

江色绿且明，茫茫与天平。

逶迤巴山尽，遥曳楚云行。

雪照聚沙雁，花飞出谷莺。

芳洲却已转，碧树森森迎。

流目浦烟夕，扬帆海月生。

江陵识遥火，应到渚宫城（渚宫在江陵，是梁元帝即位的地方）。

他依然想着重庆，想着成都。他觉得这一江的春水，就是从故乡四川流来的，四川的山也像依依不舍地跟着送他。可是他远远地望到江陵的灯火了，原来快到江陵了。

到了江陵，就又有诗道：

朝辞白帝彩云间，千里江陵一日还。

两岸猿声啼不住，轻舟已过万重山。

——《早发白帝城》

早晨还是在四川奉节的，到了晚上，就是江陵了。

自此以后，他的漫游就开始了。从二十五岁到二十七岁，这期间曾经东游扬州（现在江都）；那时他曾大量挥霍，一年之内，花了三十万金，都救济了“落魄公子”。又曾和一位四川朋友吴指南到过洞庭，但指南病死了，他大为痛哭。为着守尸，曾有虎来，他也没离开。他把他暂时埋在湖边，便又有金陵之行；但过了些时，回来一看，尸首却还没有全烂，他就亲自用刀子把尸首洗削停当，又背着尸骨，正式埋葬在鄂城（现在武昌）。对朋友，他是这样热肠的。①

大概在他二十七岁的时候吧，定居在安陆。这时，他和当过宰相的许圉师的孙女结了婚。他虽然各处漫游，但这大概是他这一期间比较固定的地方。他在这个地方，住了将近十年的光景。②这是司马相如《子虚赋》所称云梦泽的附近，他羡慕司马相如，所以也就喜爱这地方了。

在他三十岁的那年，曾积极地做过一些政治活动。所

---

① 李白《上安州裴长史书》。

② 李白《秋于敬亭送从侄耑游庐山序》：“酒隐安陆，蹉跎十年。”

谓政治活动,也就是希望人引荐他。这是中国过去文人在封建社会时代惯常采取的途径。李白这时曾写有《与韩荆州书》,说明自己的本领,愿意呈献自己的诗文,希望韩荆州(名朝宗)能推荐他出来做官。他以战国时平原君的食客毛遂自居,说:“三千宾中有毛遂,使白得颖脱而出,即其人焉。”又说:“今天下以君侯(指韩)为文章之司命,人物之权衡,一经品题,便作佳士。而君侯何惜阶前盈尺之地,不使白扬眉吐气、激昂青云耶?”更说:“倘急难有用,敢效微躯。”那就是说,他愿意尽量做一个“帮忙人物”,只要帮助他往上爬。

可是结果怎样呢?他这时有《上安州李长史书》,是因为酒醉失礼,而解释误会的,说什么“何图叔夜(嵇康)潦倒,不切于事情;正平(祢衡)猖狂,自贻于耻辱。一忤容色,终身厚颜,敢昧负荆,请罪门下”。又有《上安州裴长史书》,也是解释误会,希望原宥,并加援引的,其中说:“何图谤詈忽生,众口攒毁,将恐投杼下客,震于严威。”又说:“若赫然作威,加以大怒,不许门下,逐之长途,白即膝行于前,再拜而去。”可见这些官僚的气焰把李白压迫得这样畏惧惶恐,又如何能让诗人扬眉吐气呢?

不但如此，连别的地方的官僚也干涉起收容李白来了，他作有《代寿山答孟少府移文书》，那就是由于扬州的孟少府来责备安陆的官吏不该让李白隐在附近的山里，而由李白替安陆的官吏起草答辩的。

从《代寿山答孟少府移文书》里，又可看出李白的两种矛盾——学道与从政：

> 近者逸人李白自峨眉而来，尔其天为容，道为貌，不屈己，不干[①]人，巢、由以来，一人而已。乃虬蟠龟息，遁乎此山。仆尝弄之以绿绮，卧之以碧云，嗽之以琼液，饵之以金砂。既而童颜益春，真气愈茂，将欲倚剑天外，挂弓扶桑。浮四海，横八荒，出宇宙之寥廓，登云天之渺茫。俄而李公仰天长吁，谓其友人曰："吾未可去也。吾与尔，达则兼济天下，穷则独善一身。安能餐君紫霞，荫君青松，乘君鸾鹤，驾君虬龙，一朝飞腾，为方丈、蓬莱之人耳？此则未可也。"乃相与卷

① 干(gān)：求。韩愈《与于襄阳书》："未尝～之，不可谓上无其人；未尝求之，不可谓下无其人。"——编者注

其丹书，匣其瑶瑟，申管、晏之谈，谋帝王之术。奋其智能，愿为辅弼，使寰区大定，海县清一。事君之道成，荣亲之义毕，然后与陶朱（范蠡）、留侯（张良），浮五湖，戏沧州，不足为难矣。

这是他真正的抱负，也是他基本的矛盾。他的确想当一当宰相（辅弼），把天下治得太平（使寰区大定，海县清一），功成身退，就学范蠡和张良。这是在他一生的诗文里都一贯地这样表示着的。可是他也有学道的心，想当神仙，那也是同样很有诚意的。在他政治的热心上升时，他就放弃了学道；在他政治上失败时，他就又想学仙；自然，他最后是两无所成，那就只有吃酒了。我们现在要指出的是，他的从政，的确有种抱负，那就是要治国平天下，所以做官要做大的，同时也不只是功名富贵的个人享受就满足。这一种比较成熟的政治愿望，是他在壮年时形成的。这一种学仙与从政的根本矛盾，此后支配他一生。

大概也就在他三十岁左右吧，他在江陵，曾见过当时有名的隐士司马承祯。[1]这人说他有“仙风道骨”[2]，这不啻是对他学仙的一种强烈的鼓励。他作有《大鹏赋》，此赋原题是《大鹏遇稀有鸟赋》，他自居大鹏，把司马承祯比作稀有鸟，表示他们要共同超然物外，实现道家的理想。

在这时前后，他又认识道教中的另一个著名人物胡紫阳。胡紫阳在随州（现在湖北随县，在安陆之北，相去不远）有餐霞楼，李白的好友元丹丘即学道于此，为胡紫阳弟子。李白也常来这里和他们谈道，但他自居为平等的地位。他后来在《汉东紫阳先生碑铭》上说：“予与紫阳神交，饱飧素论，十得其九。”意思是说胡紫阳那一套，他都明白。李白比胡紫阳小二十岁[3]，他们会见的时候，大概胡紫阳五十岁左右，李白三十岁左右而已。胡紫阳在道家徒中的辈分，相当于司马承祯的弟子[4]，但李白对司马承祯也是拿平

---

① 司马承祯死于735年，时李白三十五岁。李白《大鹏赋》序称“余昔于江陵，见天台司马子微（即承祯）”，依时地推测，他们会见是在李白三十岁左右。

② 李白《大鹏赋》序。

③ 胡紫阳死于742年，年六十二岁，时李白四十二岁。

④ 李白《汉东紫阳先生碑铭》：“陶隐居（陶弘景）传升元子（王远知），升元子传体元（潘师正），体元传贞一先生（司马承祯），贞一先生传天师李含光，李含光合契乎紫阳。”可知胡紫阳和司马承祯的弟子李含光平辈。

等的态度的。

就在胡紫阳、元丹（即元丹丘）、元演一般人谈玄论道的时候，李白虽然和他们“结神仙交”，也参加其中，但却另有一种态度：“吾不凝滞于物，与时推移。出则以平交王侯，遁则以俯视巢、许。”[①]这就是他的从政和学道的矛盾，没有他们那样单纯了——杜甫也没有李白这种矛盾，杜甫是单纯地愿意出来做些事业，虽然也遭到了失败。

在湖北的一个期间，他认识了当时的大诗人孟浩然，孟浩然比李白大十一岁。他们有着深厚的友情。他作有《黄鹤楼送孟浩然之广陵》诗：

故人西辞黄鹤楼，烟花三月下扬州。
孤帆远影碧空尽，唯见长江天际流。

又作有《赠孟浩然》诗：

吾爱孟夫子，风流天下闻。

① 李白《冬夜于随州紫阳先生餐霞楼送烟子元演隐仙城山序》。

红颜弃轩冕，白首卧松云。
醉月频中圣，迷花不事君。
高山安可仰，徒此揖清芬。

他对孟浩然是佩服的，因为符合了他的理想的一部分——隐退；但他另有一部分理想——出山。

在矛盾心情中，李白大概因为在以安陆为中心，各处游荡，而没有什么收获吧，就北上到了山西太原。[①]他在《忆旧游寄谯郡元参军》一诗里提到："君家严君勇貔虎，作尹并州遏戎虏。五月相呼渡太行，摧轮不道羊肠苦。"可见他是随着元参军的父亲而到山西的。元参军可能是元演，因为他在诗中又提到他们曾"相随迢迢访仙城"，并说到"紫阳之真人，邀我吹玉笙。餐霞楼上动仙乐，嘈然宛似鸾凤鸣"，可知正是在随州胡紫阳处朝夕相处的二元之一了。

① 王琦据开元二十三年(735年)耕籍田，和李白《秋日于太原南栅饯阳曲王赞公贾少公石艾尹少公应举赴上都序》有"今年春，皇帝有事千亩"的话，认为李白在三十五岁时赴太原。但此序明有"白也不敏，先鸣翰林"的话，那是在四十二岁以后说的无疑。所以他在三十五岁到太原一事是不确切的。我们只知道他壮年时去过太原，不能确指何年。他既然在安陆比较安定地住过十年(二十七八岁到三十七八岁)，所以只可能认为是在安陆居住以后到的太原而已。

但不会是元丹，因为就他另一首寄元丹丘的诗看，“仆在雁门关，君为峨眉客”（《闻丹丘子于城北山营石门幽居中有高风遗迹仆离群远怀亦有栖遁之志因叙旧以寄之》），他们这时并不在一处。所以，我们就假定是元演吧。元演大概也随着父亲到了山西，他们招待李白很好，所以李白的《忆旧游》诗里有“感君义气轻黄金”，以及“使我醉饱无归心”的话。

他在太原认识了郭子仪。[①]郭子仪这时还是一个小兵，因为小有过失，要受责罚。李白给他帮了忙，让主帅饶了他。从这件事，见出李白非常看重人才。

此后，李白就到了山东，大概有三十七八岁了吧，最常住的地方是济宁（当时叫任城）。他在这里又安了家，住了相当久。

他这时常在一起的朋友有孔巢父、韩准、裴政、张叔明、陶沔，加上他自己，别人称为“竹溪六逸”。他们隐居的地方是泰山以南的徂徕[②]山。他作有《送韩准裴政孔巢父

---

① 此事最早的记载是见之于裴敬写的《翰林学士李公墓碑》，此文作于公元843年，距李白死时八十二年。

② 徂（cú）徕（lái）：山名。亦称“龙徕山”。在山东省泰安市东南。——编者注

还山》诗：

猎客张兔罝，不能挂龙虎。
所以青云人，高卧在岩户。
韩生信英彦，裴子含清真。
孔侯复秀出，俱与云霞亲。
峻节凌远松，同衾卧盘石。
斧冰漱寒泉，三子同二屐。
时时或乘兴，往往云无心。
出山揖牧伯，长啸轻衣簪。
昨宵梦里还，云弄竹溪月。
今晨鲁东门，帐饮与君别。
雪崖滑去马，萝径迷归人。
相思若烟草，历乱无冬春。

可见他们气味的相投。

他在山东见过李邕，李邕即李北海（因为他做过北海太守），是有名的书法家。他有《上李邕》诗：

大鹏一日同风起，抟摇直上九万里。
假令风歇时下来，犹能簸却沧溟水。
时人见我恒殊调，见余大言皆冷笑。
宣父（孔子）犹能畏后生，丈夫未可轻年少。

我们知道李邕大李白二十多岁[①]，这是六十多岁的老人了，可能见到李白的飞扬跋扈而有些劝告，所以李白写了这样的诗作答。李白惯好以鹏自比，现在就又说自己一旦像鹏鸟那样地飞黄腾达起来，谁能预料呢？不要瞧不起他！“时人见我恒殊调，见余大言皆冷笑”，李白这时的行径，是很形象化地写在这里了。

李白这时用世之心很强，正是从政的愿望大过学仙的时候。但他最佩服鲁仲连那样的人物，因为鲁仲连能反抗暴秦，解决人民痛苦，但又功成身退，高蹈而去，不受任何人的拘束，这最合李白的理想——这是最埋想地解决他那从政和学道的矛盾的方法。鲁仲连是山东人，于是李白也就在山东写出了对他的倾慕：

---

① 李邕死于747年，年七十余岁，时李白四十七岁。

谁道泰山高，下却鲁连节。

谁云秦军众，摧却鲁连舌（意思是被鲁连的口才所摧却）。

独立天地间，清风洒兰雪。

夫子还倜傥，攻文继前烈。

错落石上松，无为秋霜折。

赠言镂宝刀，千岁庶不灭。

——《别鲁颂》

可是李白对于自己的信赖总是超过别人对他的信赖的，别人总以为他不适宜于过问政治，总以为他只是“大言”，就像上面《上李邕》一诗里所述及的。然而李白却很抵抗这种嘲笑，仍是执拗地抱着自己的幻想。他有《五月东鲁行答汶上翁》诗：

五月梅始黄，蚕凋桑柘空。

鲁人重织作，机杼鸣帘栊。

顾余不及仕，学剑来山东。

举鞭访前途，获笑汶上翁。
下愚忽壮士，未足论穷通。
我以一箭书，能取聊城功。
终然不受赏，羞与时人同(即鲁仲连的故事)。
西归去直道，落日昏阴虹。
我去尔勿言！甘心如转蓬。

他还是要学鲁仲连，哪怕失败，也甘心。

可是他在山东依然没有成就，也许只有他学的剑术是又高明些了吧。于是他又南下，漫游于江苏、安徽、浙江等地。

这时却由于李白的一位朋友，也是道教徒，叫吴筠的，被唐明皇宣召入京了。吴筠就推荐了李白。还有唐明皇的姊妹玉真公主，后来也出家当了道士，又称为持盈法师的，也耳闻李白之名，十分愿意李白来京。当然，像李白这样突出的人物，唐明皇也早听说了。[1]现在李白的机会到了，他接到了三次邀请，约他入京。他这时家在安徽的东南部南陵。他高兴地写了《南陵别儿童入京》诗：

白酒新熟山中归，黄鸡啄黍秋正肥。
呼童烹鸡酌白酒，儿女嬉笑牵人衣。
高歌取醉欲自慰，起舞落日争光辉。
游说万乘[2]苦不早，著鞭跨马涉远道。
会稽愚妇轻买臣，余亦辞家西入秦。
仰天大笑出门去，我辈岂是蓬蒿人？

又写了和太太开玩笑的《别内赴征》诗三首，其中头两首是：

---

① 关于李白入京，魏万《李翰林集序》说是“因持盈法师达，白亦因之入翰林”，刘昫《旧唐书·文苑列传》说是“客游会稽，与道士吴筠，隐于剡中，筠征赴阙，荐之于朝”，李阳冰《草堂集序》只说唐明皇见了李白，就说“卿是布衣，名为朕知”，没讲什么人引荐。我们认为这都是可能的，所以采取了综合的叙述。

② 万乘(shèng)：天子。周制，天子地方千里，兵车万辆，因以“万乘”称天子。——编者注

王命三征去未还，明朝离别出吴关。
白玉高楼看不见，相思须上望夫山！

出门妻子强牵衣，问我西行几日归？
归时倘佩黄金印，莫见苏秦不下机！

他就这样扬扬得意地往长安而去。这时大概是唐明皇天宝元年（公元742年），李白四十二岁了。在唐明皇统治的四十多年中间，光阴已经过了三分之二，在那过了的三分之二的时间内，李白却是漂泊，漂泊着。

四 李白在长安

清　王时敏　杜甫诗意图册(局部)

李白是真的到了长安了！

李白到长安这件事果然排场不小，传说唐明皇降辇步迎，亲为调羹，说什么："您是老百姓，可是您的大名能让我也知道了，如果不是平素道德高尚，如何能到这样？"[①]而且又传说还请他起草了一些文告[②]，写过《答蕃书》[③]之类。

---

① 李阳冰《草堂集序》："（皇祖）谓曰：'卿是布衣，名为朕知，非素蓄道义，何以及此？'"

② 李阳冰《草堂集序》："问以国政，潜草诏诰。"李白《赠崔司户文昆季》也说："布衣侍丹墀，密勿草丝纶。"

③ 此据范传正《唐左拾遗翰林学士李公新墓碑》。刘全白《唐故翰林学士李君碣记》作《和蕃书》，乐史《李翰林别集序》同。小说中便变成《吓蛮书》了。我们也不知道是"和"还是"吓"，所以采取了"答"。

表面上似乎很看重他，其实像唐明皇那样一个沉溺于酒色的糊涂皇帝，哪里有什么爱才的思想，不过拿他来玩弄而已。例如有一次，是宫里牡丹花盛开了，唐明皇和杨太真妃（即杨贵妃，这一年还没有册封贵妃，那是以后的事）在宫里赏花，先请李龟年领导梨园弟子（唐明皇自己的戏班）唱歌，旧调子已听腻了，忽然想起："为什么不请李白也来作新词呢？"就又请了李白来。于是李白也就马上写了《清平调》三首，道是：

云想衣裳花想容，春风拂槛露华浓。

若非群玉山头见，会向瑶台月下逢。

一枝红艳露凝香，云雨巫山枉断肠（这是说太真妃比楚襄王梦中遇见的神女还漂亮）。

借问汉宫谁得似，可怜飞燕（赵飞燕）倚新妆！

名花（牡丹）倾国（太真妃）两相欢，长得君王带笑看。

解释春风无限恨，沉香亭北倚阑干。

李白就这样参加在他们这种荒淫享乐的生活中了。[①]

杜甫写有《饮中八仙歌》,其中给这时的李白作了一幅速写(李白、杜甫并非同时在京,杜甫的描写可能是日后入京时听自传闻):

李白一斗诗百篇,长安市上酒家眠。
天子呼来不上船,自称臣是酒中仙。

可见当时的李白是过着稀里糊涂的日子,他还以为得意呢。八仙之中的另一位是老诗人贺知章,这时八十多岁了,杜甫称为"知章骑马似乘船,眼花落井水底眠"的,原来也是酒鬼,常常因为酒醉落水。他却是真正欣赏李白的,不像唐明皇那样戏弄的态度。一见李白,大加赞赏。见了李白作的反对侵略战争的歌曲《乌夜啼》[②]:

① 韦叡《松窗录》。
② 孟棨《本事诗》,有谓是《乌栖曲》,有谓是《乌夜啼》,因为《乌夜啼》一诗比《乌栖曲》深刻,所以我们认为《乌夜啼》可能性大。

黄云城边乌欲栖，归飞哑哑枝上啼。

机中织锦秦川女(指晋时窦滔妻苏氏。窦滔远去流沙，苏氏织成沉痛的回文诗寄他)，碧纱如烟隔窗语。

停梭怅然忆远人，独宿孤房泪如雨。

曾称道："鬼神读了这诗，也得感动得落泪！"贺知章见李白飘然不群，就又给他加了一个称呼，叫"谪仙人"，意思是说李白就像原是仙人，因为犯了过错，而被贬到人间的。李白很得意这个称呼，自己也承认是"青莲居士谪仙人，酒肆藏名三十春"(《答湖州迦叶司马问白是何人》)了。杜甫后来也曾把这事写在诗里："昔年有狂客，号尔谪仙人。笔落惊风雨，诗成泣鬼神。声名从此大，汩没一朝伸。"(《寄李十二白二十韵》)

但李白现在过的日子，也可说是帮忙或者帮闲的日子。他后来回忆道：

汉家天子驰驷马，赤车蜀道迎相如(自比司马相如)。

天门九重谒圣人(指唐明皇),龙颜一解四海春。

彤庭左右呼万岁,拜贺明主收沉沦。

翰林秉笔回英盼,麟阁峥嵘谁可见!

承恩初入银台门,著书独在金銮殿。

龙驹雕镫白玉鞍,象床绮席黄金盘。

当时笑我微贱者,却来请谒为交欢!

——《赠从弟南平太守之遥》

昔在长安醉花柳,五侯七贵(原是汉朝的五个王侯以及当时著名的七大贵族,借用了指唐代的统治阶级)同杯酒。

气岸遥凌豪士前,风流肯落他人后?

夫子(指辛判官)红颜我少年,章台(长安街名)走马著金鞭。

文章献纳麒麟殿,歌舞淹留玳瑁筵。

……

——《流夜郎赠辛判官》

李白在宫廷里,便这样混了一阵子。有时撒撒酒疯,醉时还让当时最有势力的太监，唐明皇的亲信高力士，给他脱过靴子。

他像一般混进统治集团的文人一样，在得意之中，便也很作了一些像《清平调》那样帮闲的文字。唐明皇对于他呢，也就把他安置在翰林院里，称为学士——翰林院也恰是皇帝的一群清客的所在。后来想叫他当中书舍人[①]，这也无非是一种秘书的地位，利用他的文笔就是了。他的得意，也不过如此。

然而另一方面，李白究竟是诗人。他在宫廷里不久，也就不满意起来，有点醒悟了。首先，他原是无拘无束的人，他爱的是读书，喜的是写诗，处在官场的摩擦中，便处处有捉襟见肘的局促：

> 晨趋紫禁中，夕待金门诏。
> 观书散遗帙，探古穷至妙。
> 片言苟会心，掩卷忽而笑。
> 青蝇易相点，《白雪》难同调（受人排斥，曲高

---

① 魏万《李翰林集序》："许中书舍人……"

和寡）。

本是疏散人，屡贻褊促诮。

云天属清朗，林壑忆游眺。

或时清风来，闲倚栏下啸。

严光桐庐溪，谢客（谢灵运）临海峤。

功成谢人间，从此一投钓。

——《翰林读书言怀呈集贤诸学士》

这是说出心里话来了：会心的读书多么有味儿！游逛山水，多么值得留恋！现在却偏偏憋在这里受拘束！想起隐士严子陵，想起诗人谢灵运，巴不得还是赶快立功，赶快走掉吧——从政和学道的矛盾，又在这里发酵了。

可是他是没法立功的。因为，这时执政的大权是在老奸巨猾的李林甫手里，他既专横，又多诈术，今天对付这个，明天对付那个，他和任何人都摩擦，任何人都怕他。另外，还有杨太真妃一系的贪官污吏，像杨国忠等，还在跃跃欲试，想夺取政权。安禄山也就是利用这种空隙，而想来一次大投机的。唐明皇完全是过糊涂的日子。诗人的李白，空有单纯的抱负的李白，不要说斗不过他们，恐怕连了解他们那一些把戏也不容易。

在矛盾中,李白只好偏向于另一方面,想退了。在李白到长安的第二年,贺知章是要告老还家了。唐明皇约了许多诗人,都写诗饯行。李白在应制的一首中虽然说:“借问欲栖珠树鹤,何年却向帝城飞?”好像还希望贺知章再回来似的,但这是当着唐明皇的面而已,他自己用私人的名义送别的一首却就不同了:

> 镜湖流水漾清波,狂客归舟逸兴多!
>
> 山阴道士如相见,应写《黄庭》换白鹅(指王羲之写字换鹅的故事)。
>
> ——《送贺宾客归越》

丝毫不劝他回来,而且羡慕他的逸兴呢。

在野的李白就想在朝,在朝的李白却想在野。他在《金门答苏秀才》诗中说“愿狎东海鸥,共营西山药”,他觉悟到“得心自虚妙,外物空颓靡”;他在《朝下过卢郎中叙旧游》诗中说“却话山海事,宛然林壑存”,他渴想的是“何由返初服,田野醉芳樽”。我们要注意,这里的前一首诗是写在金门，金门即指宫门，后一首诗是写在刚下朝之后，却都是在宫廷生活中而表示出急切要离开了。

他坚决要求出走，于是唐明皇也答应了。这事除了李白本人的志愿以外，也还由于他常醉酒，唐明皇怕他酒后闹乱子，泄露机密，在宫廷里不宜。[①]也由于一般权贵嫉妒他。显然可据的，排挤他的有张垍和高力士。张垍是驸马，也在翰林院，后来曾投降安禄山。这样的人物，妒才害能，排挤李白，当然是可能的。[②]高力士是从唐明皇小时就侍候起的太监，唐明皇称他为“老奴”。他的势力有多大呢？太子见了也称老兄，王侯们见了称翁，驸马一辈的见了要叫爷爷。他有一次铸了一个庙钟，谁要敲一下，就要出一百串钱，可是大家争着敲，最少的也敲十下，为了巴结他。[③]他是这样一个有势力的人物，李白却拿奴隶身份（本来的身份）待他，他当然会忌恨。据说，杨太真妃因为李白写《清平调》，原很喜欢他，就常自己唱。高力士乘机使道：

---

① 范传正《唐左拾遗翰林学士李公新墓碑》：“既而上疏请还旧山，玄宗甚爱其才，或虑乘醉出入省中，不能不言温室树，恐掇后患，惜而遂之。”

② 魏万《李翰林集序》。

③《资治通鉴》卷二百十六。

"我以为你恨李白呢。"太真妃问:"为什么?"高力士说:"你看,他把你比赵飞燕,多可恶哇!"[1]这话提醒了她,她也就自然说李白的坏话了。不过,我们想,李白之不适于在长安,原因还不止此,那是一个统治阶级内部斗争异常险恶的局面,李白原是不容易应付的——尤其像李林甫那般狡诈的老官僚!

他受了排挤是没有问题的,他自己作的诗中有:"谗惑英主心,恩疏佞臣计。彷徨庭阙下,叹息光阴逝。"(《答高山人兼呈权顾二侯》)他替宋若思写的荐自己的表中也说:"为贱臣诈诡,遂放归山。"他同时的诗人任华也说:"权臣妒盛名,群犬多吠声。有敕放君却归隐沦处,高歌大笑出关去。"(《杂言寄李白》)

他也就只好这样大模大样而去了。

他在长安一共待了多久呢?"离居在咸阳,三见秦草绿"(《以诗代书答元丹丘》),不过三年!他在长安,头一年为贺知章老诗人所赏识,第二年贺知章走了,第三年他自己也走了。

① 韦叡《松窗录》。

虽然短短的三年，李白对于所谓盛唐的统治集团的罪恶却有了初步的认识。像他的诗中说：

大车扬飞尘，亭午暗阡陌。
中贵多黄金，连云开甲宅。
路逢斗鸡者，冠盖何辉赫！
鼻息干虹蜺，行人皆怵惕。
世无洗耳翁，谁知尧与跖？
——《古风》五十九首，其二十四

这是说像高力士那般人，土地兼并之凶！历史上说他们占的房产，有京城的一半。[1]又说斗鸡的人，都做了大官。[2]他们气焰之大，喘口气，都可以高入天上。李白愤怒地说，他们简直和有名的大盗盗跖没有分别！

他很惋惜，“一百四十年，国容何赫然”，可是糟蹋在“斗鸡金宫里，蹴踘瑶台边”（《古风》五十九首，其四十六），

---

① 《新唐书·宦者传》。
② 陈鸿《东城老父传》。

在统治者享乐中断送了。他看出了当时政治的危机："奸臣欲窃位，树党自相群。"(《古风》五十九首，其五十三)他指责唐明皇是像殷纣王、楚怀王那样糊涂："殷后乱天纪，楚怀亦已昏!"(《古风》五十九首，其五十一)

他对于唐明皇曾经这样下过结论："徒希客星隐，弱植不足援。"(《书情赠蔡舍人雄》)他说他自己只能希望像严子陵那样，退隐就算了，唐明皇是不可救药的。他也曾说："区区精卫鸟，衔木空哀吟。"(《寓言》)他像那有心填海的精卫鸟一样，虽有报国的热忱，却没有施展的机会。

诗人何尝不看得透！于是他只好继续漂泊！

五 漫游生活的第二期

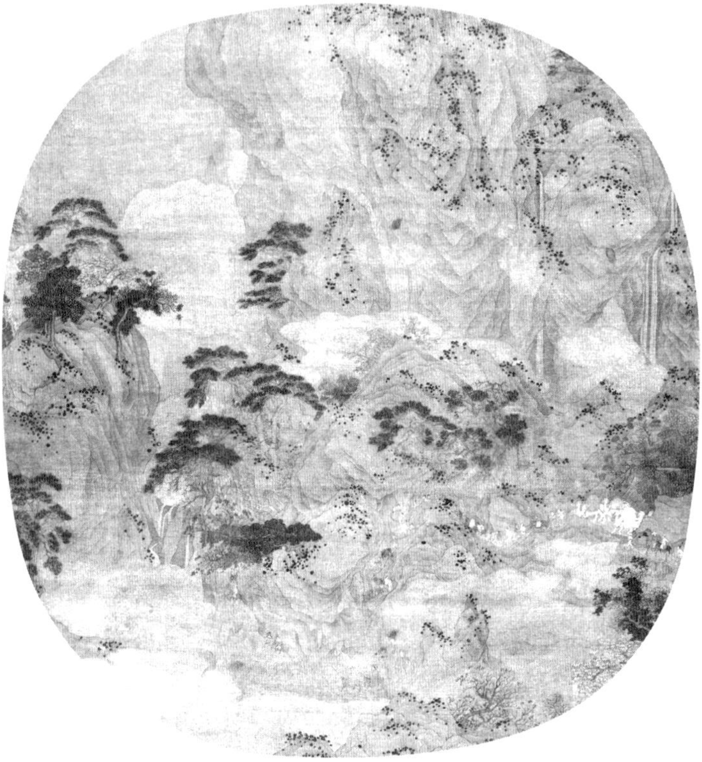

元　赵孟頫　蜀道难(局部)

李白第一次漫游的时候，不过二十五六岁，现在这一次漫游是四十四五岁了，上一次漫游还比较有一个固定的地方——那就是“蹉跎十年”的湖北安陆，这一次的漫游，却更不固定了，勉强可以称为漫游的中心的，乃是“一朝去京国，十载客梁园”(《书情赠蔡舍人雄》)的河南开封以及“爱子在邹鲁”(魏万《金陵酬翰林谪仙子》)的山东单县；上一次漫游，离开了故乡四川，以后再也没回去过，现在这一次漫游，离开了政治中心的长安，以后便再也不曾旧地重游了；两次的漫游统统是在从政和学道的矛盾心理中，但第一次漫游，压倒的力量是从政，而第二次漫游，压倒的力量却变为学道了；第一次的漫游，以入长安的一幕作为结束,后一次的漫游,也有让这漫游告一段落的事件,那就是参加永王璘的政治活动;在第一次漫游时,唐明皇的政治统治,虽然危机四伏,但还没有爆发,这一次漫游,却正是当那危机逐渐成长,最后酿成了所谓安史之乱或称天宝之乱的时候——李白在不同的经历中,对盛唐统治者的面目是认识更清楚了,批判也更深刻了,可是他自己也老了。

“载客梁园”期间,为什么在河南开封一带较久呢?这是因为这里是交通的要道,在他北边漫游到河北、山西,西边漫游到陕西邠县,东边常回家到山东瞧瞧的时候,便很容易路过于此了。至于他之所以常到山东,那是不只因为他离京以后,又把家安在这里,还因为山东也是道教的一个中心,他要在山东学道呢。

李白在开封一带,发挥了他的豪兴。像《将进酒》中所写的:

君不见黄河之水天上来,奔流到海不复回?
君不见高堂明镜悲白发,朝如青丝暮成雪?
人生得意须尽欢,莫使金樽空对月!
天生我材必有用,千金散尽还复来。

烹羊宰牛且为乐,会须一饮三百杯。

岑夫子,丹丘生,进酒君莫停!

与君歌一曲,请君为我倾耳听。

钟鼓馔玉不足贵,但愿长醉不复醒。

古来圣贤皆寂寞,唯有饮者留其名。

陈王(曹植)昔时宴平乐,斗酒十千恣欢谑。

主人何为言少钱,径须沽取对君酌。

五花马,千金裘,呼儿将出换美酒,与尔同销万古愁!

这里岑夫子大概是岑勋,丹丘生即元丹丘,都是李白的好友。在好友跟前,他更畅怀痛饮了。因为政治失败,他觉悟到“钟鼓馔玉不足贵”,并因而否定一切,“古来圣贤皆寂寞”。但在这里,却仍有他的自负,那就是“天生我材必有用”;同时也表现了他的豪气,“千金散尽还复来”;把五花马、千金裘,尽管当去,“与尔同销万古愁!”

这就是他“我浮黄河去京阙”(《梁园吟》)以后的感觉。他又说:

人生达命岂暇愁，且饮美酒登高楼。

平头奴子摇大扇，五月不热疑清秋。

玉盘青梅为君设，吴盐如花皎白雪。

持盐把酒但饮之，莫学夷齐(伯夷、叔齐)事高洁。

昔人豪贵信陵君，今人耕种信陵坟。

荒城虚照碧山月，古木尽入苍梧云。

梁王宫阙今安在？枚马(枚乘、司马相如)先归不相待。

舞影歌声散渌池，空余汴水东流海。

沉吟此事泪满衣，黄金买醉未能归。

连呼五白行六博，分曹赌酒酣驰晖。

歌且谣，意方远，

东方高卧时起来，欲济苍生未应晚。

——《梁园吟》

在这里，他仍是羡慕富贵，不甘于像伯夷、叔齐那样的寂寞消极，他并没有死心，他说"欲济苍生未应晚"。可是目前既没有到手的希望，他就拼命地喝酒，拼命地赌。这里是：一方面他觉得应该大量享受，一方面又有一种我来救你们的恩赐观点，“欲济苍生未应晚”。由于长期的漂泊，由于没有固定的住所，由于没有固定的职业，由于没有产业（《赠从兄襄阳少府皓》：“归来无产业，生事如转蓬。”《赠从弟洌》：“顾余乏尺土，东作谁相携？”东作指农事），由于交结在一些流浪人中间，李白是有流民气质的。他的豪气，我们认为正是这方面的表现。在他失意时，便特别明显地流露出来——得意时，就想往上爬了。不过在这里也有与一般出身于中小地主的文人士大夫不同的一点，就是，他之往上爬，乃是希望平地一声雷，一步登天，立刻有大富贵，和帝王几乎平等的——可是这样，就更不容易如意了。

在李白往来于开封、单县时，遇见了当代的大诗人杜甫。确切的年月虽不可知，但从杜甫的《寄李十二白二十韵》“乞归优诏许，遇我宿心亲”看来，正是在李白刚刚离开长安，而杜甫也游开封、洛阳时定交的。此后，杜甫便非常熟悉这位“醉舞梁园夜（在开封），行歌泗水春（在山东）”的李白了。“剧谈怜野逸，嗜酒见天真”，李白喜欢谈，李白喝了酒就更无拘无束起来，杜甫更是印象非常深的了。这时李白四十四五岁，杜甫却刚过三十。这两颗文坛巨星的晤聚，是中国文学史上永远不可磨灭的佳话。他们的友情，一如他们的诗歌，永远为后人所记忆着。

杜甫作的《遣怀》："忆与高李辈，论交入酒垆。……气酣登吹台，怀古观平芜。"这是回忆他们这时在开封之游的。杜甫作的《昔游》："昔者与高李，晚登单父台。寒芜际碣石，万里风云来。"这是回忆他们这时在单县之游的。高是高适，也是当时著名诗人，年龄约与李白相等。[①]

李白和杜甫是像兄弟般的友爱着，"醉眠秋共被，携手日同行"（杜甫《与李十二白同寻范十隐居》），可见他们的亲密。后来他们分别了，在春天，杜甫就作有《春日忆李白》诗，在冬天，就又作有《冬日有怀李白》。杜甫非常佩服李白的诗的成就，称为"清新庾开府（庾信），俊逸鲍参军（鲍照）"，"李侯有佳句，往往似阴铿"，这些人都是杜甫自己悬想的目标，正是所谓"庾信文章老更成"，"颇学阴何（阴铿、何逊）苦用心"，"流传江鲍（江淹、鲍照）体，相顾免无儿"，现在拿来比李白的。"飘然思不群"，杜甫很倾倒李白的才思；"酒后见天真"，杜甫很欣赏李白的醉态。

---

① 陆侃如《诗史》高生于公元700年（？），闻一多《唐诗大系》高生于公元702年（？）。

然而杜甫对李白，也不是一味捧场，而没有批评的。他说："秋来相顾尚飘蓬，未就丹砂愧葛洪。痛饮狂歌空度日，飞扬跋扈为谁雄？"(《赠李白》)这是看到李白的飞扬骄躁，一事无成，也不知忙些什么，而劝他收敛的。自然，李白自有李白内心的苦闷，也有自己的抱负，因为年龄和经历教养的不同，这时杜甫也有不能完全理解的地方，可是总算尽了劝善规过的友道，所以他们友情日笃了。

传说李白也有一首和杜甫开玩笑的诗：

饭颗山头逢杜甫，头戴笠子日卓午。

借问因何太瘦生？(生是语助，好像现在说干吗这么瘦哇？)总为从来作诗苦[①]！

就两人作诗的态度不同论，这种玩笑是可能的。

但同时，李白却有《鲁郡东石门送杜二甫》诗：

醉别复几日，登临遍池台。

① 孟棨《本事诗》。

何时石门路，重有金樽开？
秋波落泗水，海色明徂徕。
飞蓬各自远，且尽手中杯。

这是写和杜甫的小别的。又有《沙丘城下寄杜甫》：

我来竟何事，高卧沙丘城。
城边有古树，日夕连秋声。
鲁酒不可醉，齐歌空复情。
思君若汶水，浩荡寄南征。

这是写别后的思念的——像汶水一样，无穷无尽地流荡着怀想！李白也何尝忘了杜甫？总之，他们的友谊是在互相切磋、互相鼓励、互相友爱的氛围中成长着。

他们都曾做过北海太守李邕的上宾，都曾留恋过齐鲁的山水。他们的友谊，伴着他们的足迹，特别印上了山东的乡土。

可是李白是有他的心事的。他在山东急于学道。他有《访道安陵遇盖寰为予造真箓临别留赠》诗，安陵在唐时属德州平原郡，这是为盖寰替他造《真箓》而写。《真箓》是什么呢？原来是写的天上诸神的名字，还有一些符咒，由学道的人从师傅手里得到，须要天天佩带的。这在道教徒看，是一件大典。盖寰曾经学道于北海仙，北海仙是高如贵，那是更高一层的师傅了。李白以单单受《真箓》于盖寰，还不满足，便又要直接再请北海仙传道箓。他又有《奉饯高尊师如贵道士传道箓毕归北海》诗：

道隐不可见，灵书藏洞天。

吾师四万劫，历世递相传。

别杖留青竹（这是用费长房遇见神仙，给他竹杖，竹杖变为龙的故事），行歌蹑紫烟。

离心无远近，长在玉京悬（玉京是传说中的天顶）。

北海是现在山东的青州。道教是有层次等级的。现在李白在道教上是更有了进境了。

李白对于学道非常热心，“好道心不歇”（《天台晓望》），“余尝学道穷冥筌，梦中往往游仙山”（《下途归石门旧居》），连梦里也是这一套。他大概学有心得了，就在山东单县家里写起道教的专门论文来，所谓“我闭南楼著道书”（《早秋单父南楼酬窦公衡》）呢。

李白在这一个时期最大的收获就是和杜甫的友情，以及在学道方面又有了较前更进一步的成就（自然，就我们看，这成就也是荒唐和可笑的）。这两大收获，主要是在山东。

这一个时期，李白相当穷困，他说：“余亦不火食，游梁同在陈。”（《送侯十一》）是说他在开封的时期就像孔子在陈绝粮的光景。又说：“他日见张禄，绨袍怀旧恩。”（《送鲁郡刘长史迁弘农长史》）是说他在兖州接受一位去职的官吏的一件破棉袍，他竟要像战国时的张禄报答须贾似的不忘恩呢。

他也去过陕西的邠县，但是“苍苍几万里，目极令人愁”（《登新平楼》），得的是寂寞；而且，“而我竟何为，寒苦坐相仍。长风入短袂，两手如怀冰。故友不相恤，新交宁见矜”（《赠新平少年》），冻得冰冷，新旧朋友也都不帮忙——比在山东的景况还不如！

他似乎到过现在的北京一带，但集中关于这方面留下的文字很少。他的《幽州胡马客歌》《出自蓟北门行》，是用的现成的乐府的题目，不敢说就是真的幽州、蓟北的亲身经验。只有在《经乱离后天恩流夜郎忆旧游书怀赠江夏韦太守良宰》一诗中，有“十月到幽州，戈铤若罗星。君王弃北海，扫地借长鲸”的话。他已看出不抵抗的危机，可是“心知不得语”，只好走开。

在北方既不得意，他就又南下漫游了。杜甫怀想他的诗道：“渭北春天树，江东日暮云。”（《春日忆李白》）这时杜甫已经到了长安，这是在公元747年杜甫第二次入长安。李白这时四十七岁了。江东是现在江苏一带。

李白游江苏后，就又到了浙江。这也有杜甫的诗为证：“南寻禹穴（传说禹穴在会稽，就是现在绍兴）见李白，道甫问信今何如。”（《送孔巢父谢病归游江东兼呈李白》）

李白漫游江南后，就没有再和杜甫见面。杜甫对于李白也只留在回忆中。

在李白漫游在江南的时候，却又有一位崇拜他的友人赶着找他。这位友人到过开封，到过鲁南，到过江苏，跑了三千多里路，都为了找李白。但李白已经到了浙江的南部永嘉，去看谢灵运诗中所写的山水去了。当李白又回天台山（这是孙绰作《天台山赋》的地方），再到扬州时，两人才见面。这人就是魏万。他们又一块游金陵,游了多时。很奇怪的是,这人“身着日本裘”(李白《送王屋山人魏万还王屋》),也不知为什么。他们也是“一长复一少,相看如弟兄”(魏万《金陵酬翰林谪仙子》)地友爱着。

李白也很看重魏万,说他一定有大名,叫他到那时候可不要忘了李白和李白的孩子明月奴。[①]他叫魏万替他编集子。李白最早的一个集子,就是魏万编的,虽然现在没留传下来。

这时已经到了大乱的前夕了。[②]李白的第二期漫游告了结束。李白这时五十四岁(天宝十三载,公元754年),距自长安出走,已经十一年。

在这一个期间,李白对统治集团的罪恶以及统治者的凶残面目,就又有进一步的认识。首先是穷兵黩武的侵略战争,李白非常反对。他这一方面的作品相当多;他惯常用的一种形式,是用妇女的口吻,反对丈夫出征!

---

① 魏万《李翰林集序》。

② 魏万《李翰林集序》:“解携(分手)明年,四海大盗……”

长安一片月，万户捣衣声。

秋风吹不尽，总是玉关情。

何日平胡虏，良人罢远征？

——《子夜吴歌》四首，其三

有时，他也直接写战争的惨酷，反对无意义的战争：

去年战，桑干源；

今年战，葱河道。

洗兵条支海上波，放马天山雪中草。

万里长征战，三军尽衰老。

匈奴以杀戮为耕作，古来唯见白骨黄沙田。

秦家筑城备胡处，汉家还有烽火然。

烽火然不息，征战无已时。

野战格斗死，败马号鸣向天悲。

乌鸢啄人肠，衔飞上挂枯树枝。

士卒涂草莽，将军空尔为。

乃知兵者是凶器，圣人不得已而用之。

——《战城南》

只有“不得已”而被迫抵抗的战争，李白是赞成的。这在天宝之乱时，李白的态度就更明确起来。他那时反对不抵抗政策。我们在下一章，就要提到。可是他反对侵略战争，哪怕是发动自本国。例如751年(李白五十一岁的时候)征云南一事，李白就屡次反对：

羽檄如流星，虎符合专城。

喧呼救边急，群鸟皆夜鸣。

白日曜紫微，三公运权衡。

天地皆得一，澹然四海清(本来天下无事)。

借问此何为？答言楚征兵。

渡泸及五月，将赴云南征(忽然纷纷扰扰，打起云南来了)。

怯卒非战士，炎方难远行。

长号别严亲，日月惨光晶。

泣尽继以血，心摧两无声。

困兽当猛虎，穷鱼饵奔鲸。

千去不一回，投躯岂全生？

如何舞干戚，一使有苗平(用文化教育去团结我们兄弟民族不好吗)？

——《古风》五十九首，其三十四

谁愿意征云南呢？不是老百姓，不是士兵，却是那时统治阶级贪官污吏的首领杨国忠。历史上记载，那时因为士兵不愿意去，人民生活又被他们剥削穷了，就用骗的方法。说是放赈发粮，等穷人来领粮了，就捆起来，送前线。[①]

征云南的结果怎么样呢？二十万人统统死光，没有回来的。杨国忠还捏造胜利的消息呢。过了不久，灾荒就到了当时的京城长安，物价大涨，民不聊生，李白曾写道：

云南五月中，频丧渡泸师。
毒草杀汉马，张兵夺秦旗。
至今西洱河，流血拥僵尸。
将无七擒略，鲁女惜园葵。
咸阳天下枢，累岁人不足。

---

①《新唐书·杨国忠传》。

虽有数斗玉，不如一盘粟。

——《书怀赠南陵常赞府》

这就是天宝之乱前夕的光景，这就是李白所暴露的现实！

像这种无意义的残酷的侵略战争，便宜的只是让一些权贵在对人民的血腥屠杀中升了官。陇右节度使哥舒翰就是这样的一个人物。这事发生在公元747年，那时李白四十七岁。李白看到功名富贵固然可爱，但这样换来功名富贵是多么可耻！另一方面，像李邕那样耿直的好人，受人欢迎的好人，却被当时统治者借故杖杀(用棒活活打死)了。这事发生在公元747年，李白那时四十七岁。这都是在李白离开长安，十一年的漫游中所看到的新事件。李白不能不厌弃政治活动，于是他的矛盾是逼近解决了；我们听他歌道：

昨夜吴中雪，子猷(晋时王子猷爱吃酒赏雪)佳兴发。

万里浮云卷碧山，青天中道流孤月。

孤月沧浪河汉清，北斗错落长庚明。

怀余对酒夜霜白，玉床金井冰峥嵘。

人生飘忽百年内，且须酣畅万古情！

君不能狸膏金距学斗鸡，坐令鼻息吹虹霓（帮闲的一群）。

君不能学哥舒，横行青海夜带刀，

西屠石堡取紫袍（帮凶的一群）！

吟诗作赋北窗里，万言不直一杯水。

世人闻此皆掉头，有如东风射马耳（旧社会里，作家是不能得到应有的尊重的）。

鱼目亦笑我，谓与明月（珠名）同。

骅骝（好马）拳跼不能食，蹇驴（跛脚驴子）得志鸣春风。

《折杨》《皇华》（坏的歌曲）合流俗，晋君听琴枉清角。

巴人谁肯和《阳春》（好的歌曲没人听），楚地由来贱奇璞（好的玉石被人贱视）。

黄金散尽交不成，白首为儒身被轻。

一谈一笑失颜色，苍蝇贝锦喧谤声（引用《诗经》）。

曾参岂是杀人者？谗言三及慈母惊（用曾参的故

事,说自己生活在流言中伤里)。

与君论心握君手,荣辱于余亦何有?

孔圣犹闻伤凤麟,董龙更是何鸡狗(董龙是坏人,被杀)!

一生傲岸苦不谐,恩疏媒劳志多乖。

严陵高揖汉天子,何必长剑拄颐事玉阶(何必一定做官)?

达亦不足贵,穷亦不足悲!

韩信羞将绛灌比,祢衡耻逐屠沽儿(不愿意同流合污)。

君不见李北海(李邕),英风豪气今何在?

君不见裴尚书,土坟三尺蒿棘居(指裴敦复,也是被杖杀的,与李邕同时遇难,都是李林甫玩的把戏)?

少年早欲五湖去,见此弥将钟鼎疏(早就想逃避当时恶浊的政治旋涡,现在更有决心了)。

——《答王十二寒夜独酌有怀》

李白认识了统治者的凶残面目和统治集团的丑态,不能不更有所觉悟了。还是宁过漫游、流浪的日子吧。

可是，当李白漫游到宣城（安徽南部）的时候，矛盾所从集的天宝之乱爆发了。

六 天宝之乱和永王璘的一幕

清　王翚　仿古山水册(局部)

天宝之乱的这一年(公元755年),李白五十五岁了。

天宝之乱,无疑是由于唐代的统治者唐明皇以及他的周围像杨国忠、王铁这般横征暴敛(他们都掌管过财政)的贪官污吏所招致的。我们知道王铁的成绩是"务为割剥以求媚,中外嗟怨"[①],杨国忠呢,是因为能"聚敛骤迁"[②],那就是因为长于剥削而很快升官的。从前已经有人论及天宝之乱的一大原因是阶级矛盾的加深,而杨国忠是有责任的了:"刻下民以厚敛,张虚数以献状;上心荡而益奢,人望怨

①《资治通鉴》,卷二百一十五。

②《资治通鉴》,卷二百一十六。

而成祸。……宇文融首唱其端，杨慎矜、王鉷继遵其轨，杨国忠终成其乱。仲尼云：宁有盗臣而无聚敛之臣。诚哉是言！”[①]

杨贵妃又有三姊妹，嫁给崔家的称韩国夫人，嫁给裴家的称虢国夫人，嫁给柳家的称秦国夫人，唐明皇称她们为姨。这三位姨，专受贿赂，奢侈无度。她们盖一所房子，动不动就是几千万。看见别人盖得好的，就把自己盖的拆了，另盖。别人有的房子，也常去霸占。[②]杨国忠就是给这般人当账房。

安禄山的势力是怎样起来的呢？那是由李林甫故意培植起来，作为自己政治斗争的本钱的。他用来和杨国忠作对。这都是统治阶级内部斗争，结果招来了外祸，人民遭殃。

后来王鉷死了，李林甫死了，大权归了杨国忠。杨国忠既然那样，所以安禄山就以讨伐杨国忠为名，乘机蹂躏中原。

在这样腐败的政治底下，官吏是很少抵抗的。安禄山

①②《资治通鉴》，引苏冕的话。

在755年十一月在范阳(现在北京一带)起兵,第二年六月就攻入了长安。到了危急的时候,人民要逃难了,杨国忠却还想把桥烧毁,他是至死与人民为敌的。士兵因为杨国忠的关系,不但不肯作战,连保护唐明皇的性命去逃难也不肯。终于压不过士兵的愤怒,杨国忠是被碎割了,三夫人也被士兵杀了,杨贵妃则由于将士的请求而被绞死。这样,才多少平了人民的怨恨,唐明皇得以逃到四川。

唐明皇统治集团的罪恶固然大,可是人民更不愿意受野蛮的外族的残害。老百姓都不赞成唐明皇不抵抗。老百姓曾对唐明皇说:"您的宫殿在这里,您祖宗的坟墓在这里,您怎么舍了不管,要到哪里去呢?"但唐明皇终于不肯,于是叫太子出来应付。老百姓说:"皇帝既不肯留,我们愿意带领子弟跟从殿下,收复长安。如果你们都到四川,中原的百姓怎么办?"一会儿的工夫,就有好几千老百姓聚集起来了。可是太子也还是不肯,说要侍候唐明皇。[①]最后折中了,唐明皇还是逃到四川,太子退到灵武(在现在宁夏的南部)。灵武是那时的国境西北边儿上。这个太子就是

---

① 《资治通鉴》,卷二百一十八。

即位于灵武的肃宗。这时是天宝之乱的第二年。

这时李白的态度怎样呢？他是完全站在当时一般老百姓的一边儿，反对唐明皇等的不抵抗主义的。他愤恨地说：

汉甲连胡兵，沙尘暗云海。

草木摇杀气，星辰无光彩。

白骨成丘山，苍生竟何罪？

函关（潼关）壮帝居，国命悬哥舒（哥舒翰）。

长戟三十万，开门纳凶渠（那个以屠杀起家的哥舒翰也是一个不抵抗主义者，以三十万大军不能抵抗，自己投了降）。

公卿奴犬羊，忠谠醢与菹（大批官僚投降，爱国主义者的好人被杀）。

二圣出游豫（两个天子，一父一子，倒逃掉玩儿去了），两京遂丘墟（东京洛阳，西京长安，成了一片瓦砾）！

——《经乱离后天恩流夜郎忆旧游书怀赠江夏韦太守良宰》

这就是统治者干的好事！真是“苍生竟何罪”“白骨成丘山”！

唐明皇逃到四川，李白也是以为非常不妥的。他的有名的《蜀道难》，即是一篇政治性的讽刺诗。[1]其中说：“嗟尔远道之人胡为乎来哉？”（来干什么呢？）“所守或匪亲，化为狼与豺。”（如果不抵抗，还不是和潼关一样吗？）“锦城虽云乐，不如早还家！”（不要再在成都享乐了！）“侧身西望长咨嗟！”（想到他们，真觉可以愤叹呵！）

李白写这次变乱的惨状，有这样的话：“逆胡窃号，剥乱中原。虽平嵩丘、填伊洛，不足以掩宫城之骸骨；决洪河、洒秦雍，不足以荡犬羊之膻臊。毒浸区宇，愤盈穹旻。”原因呢，李白也是看得清楚的，他也认为这是上层极

① 关于这首诗的意义，曾有四种看法，有说是为严武危害杜甫而作的（范摅《云溪友议》），有说是为章仇兼琼而作的（沈括《梦溪笔谈》），有说是没有用意，只是用古乐府的旧题的（胡震亨《李诗通》），有说是为唐明皇逃蜀而作的（萧士赟《分类补注李太白集》），我们采取最后一种说法。因为，这篇绝对是有政治意义的作品，又和李白主张抵抗的见解相符，不可能是其他动机。至于唯一可疑的是传说贺知章见过此诗（孟棨《本事诗》），认为创作时代应在前，但这传说根本不可靠，《蜀道难》也可能写过两次，而此篇则为唐明皇逃蜀时作。

度剥削的结果，他的话是："贼臣杨国忠，蔽塞天聪，屠割黎庶；女弟（杨贵妃）席宠，倾国弄权。九土泉货，尽归其室（把全国的财富，都剥削到这般大家族手里）。怨气上激，水旱荐臻；重罹暴乱，百姓力屈。"他指明唐明皇有抵抗的责任："去元凶者，非陛下而谁？"（均见《为宋中丞请都金陵表》）

李白这时的心情是异常沉重的，他严肃起来了，悲愤起来了，他说：

> 函谷如玉关，几时可生还？
>
> 洛阳为易水，嵩岳是燕山（这些地方失陷了，原是国内的，现在变为国境了）。
>
> 俗变羌胡语，人多沙塞颜。
>
> 申包唯恸哭，七日鬓毛斑（像亡国的申包胥一样，连哭七天，把头发愁白了）。
>
> ——《奔亡道中》五首，其四

于是李白热切地很想收复中原：

匡复属何人,君为知音者!

——《赠常侍御》

抚剑夜吟啸,雄心日千里。

誓欲斩鲸鲵(指安禄山),澄清洛阳水!

——《赠张相镐》二首,其二

尔为我楚舞,吾为尔楚歌。

且探虎穴向沙漠,鸣鞭走马凌黄河。

耻作易水别,临歧泪滂沱。

——《留别于十一兄逖裴十三游塞垣》

过江誓流水,志在清中原。

拔剑击前柱,悲歌难重论!

——《南奔书怀》

李白的爱国主义的情感是这样浓烈,以至于使他参加了永王璘的事件。这是李白最后一次的政治活动。但这一次政治活动,和前一次,在动机上有着本质的不同了。上次是为功名富贵，为个人（至少这方面的成分大些），这一次却是基于爱国思想了。

永王璘是唐明皇的第十六子。这时唐明皇命他为山南东路及岭南、黔中、江南西路四道节度采访等使，江陵郡大都督。意思是让他保卫东南。他于是率师东下。但这是唐明皇的意思。唐肃宗却另有一个想法，怕永王璘一旦在江南立足，就可能和自己争天下，所以当肃宗看到他真要东下了，便命他回川，要他伺候唐明皇。他没有服从。在他率军到达庐山的时候，由于李白的大名和志愿，便把李白请去了。

后人对这事很有不同的议论。①但我们首先考察当时的情势，东南一带是一个三不管的地方：

二帝巡游俱未回，五陵松柏使人哀。

---

① 蔡宽夫《渔隐丛话》说："太白之从永王璘，世颇疑之。……太白岂从人为乱者哉？"这还是把永王璘认为是叛乱的。给《李翰林分体全集》作序的王穉登就更进了一步，说："指永王璘之事为从逆，嗟乎！……夫璘非逆而从璘者乃为逆乎？"王穉登的见解是更正确的。李白自己的诗固然有"空名适自误，迫胁上楼船"（《赠江夏韦太守》）的话，仿佛是被胁迫，但这和李白其他作品所说不符，可能是因为惧祸才这样掩饰的。

诸侯不救河南地，更喜贤王远道来。

——《永王东巡歌》十一首，其五

李白的参加也确乎基于爱国主义的思想：

三川北虏乱如麻，四海南奔似永嘉(西晋末年)。

但用东山谢安石，为君谈笑静胡沙。

——《永王东巡歌》十一首，其二

试借君王玉马鞭，指挥戎虏坐琼筵。

南风一扫胡尘静，西入长安到日边。

——《永王东巡歌》十一首，其十一

胡沙惊北海，电扫洛阳川。

……

英王受庙略，秉钺清南边(永王璘)。

……

宁知草间人(自己)，腰下有龙泉(剑名)。

浮云在一决，誓欲清幽燕。

愿与四座公，静谈金匮篇（兵法）。
齐心戴朝恩，不惜微躯捐。
所冀旄头灭，功成追鲁连（和平恢复时，即身退）。
——《在水军宴赠幕府诸侍御》

至于永王璘的军队是不是好呢？从《永王东巡歌》第三首看：

雷鼓嘈嘈喧武昌，云旗猎猎过寻阳。
秋毫不犯三吴悦，春日遥看五色光。

军队也是好的。那么，李白为爱国，为想收复失地，参加了这么一支敢于准备抗敌的好军队，想在其中出个主意，以便达到报国的目的，又有什么不好呢？李白在集中对唐明皇有讽刺，有微词，可是对永王璘却没有一句坏话，大概永王璘的为人也不坏了。据当时的诗人元结在《为董江夏自陈表》中说："顷者潼关失守，皇舆不安，四方之人，无所系命。及永王承制，出镇荆南，妇人童子，忻奉王教。"（《元次山集》卷十）也可见永王璘的行动是符合当时人民的要求的。五代时南唐李昪在开国时也以自称永王璘的后人为号召（见《旧五代史》），更可见永王璘在人们心目中的信仰。

永王璘本来想占有南京，或者成为像东晋一个局面的。[1]这原也没有什么不好，而且在当时是可能发展成这个样子的。但是当时对外退让的统治者，对内却是不肯让步的。在永王璘没有服从唐肃宗的调动回川以后，马上就宣布了高适为淮南节度使，来瑱为淮南西道节度使，加上原来的江东节度使韦陟，对永王璘采取了三面包围的形势。这样一来，摩擦是不能避免的。一有借口，就可动手。果然不到两个月的工夫，永王璘就被消灭了。这时是757年的二月。

大概永王璘的内部也不团结，所谓“主将动谗疑，王师忽离叛”，因而，“宾御如浮云，从风各消散”（《南奔书怀》），大家便都各自逃散了。永王璘是被追兵杀掉的——于是永王璘被称为“造反”，而李白也成了政治犯。

李白下在浔阳狱中。当时被捕的一定很多，由李白的

---

①《资治通鉴》，卷二百十九。

诗便可想见：

邯郸四十万，同日陷长平（秦将白起曾坑赵降卒四十万于长平）。

能回造化笔，或冀一人生！

——《系寻阳上崔相涣》三首，其一

他这时非常悲愤，他写有《万愤词投魏郎中》，其中有这样的话：

兄九江兮弟三峡，悲羽化之难齐。

穆陵关北（山东）愁爱子，豫章天南（江西南昌）隔老妻。

一门骨肉散百草，遇难不复相提携。

……

好我者恤我，不好我者何忍临危而相挤。

他知道他的妻子一定在营救他：

闻难知恸哭，行啼入府中。

多君同蔡琰，流泪请曹公（蔡琰曾向曹操营救她的丈夫董祀）。

知登吴章岭（和庐山相连的一个山岭），昔与死无分。

崎岖行石道，外折入青云。

相见若悲叹，哀声那可闻！

——《在寻阳非所寄内》

由于多方面的帮助，尤其是那时御史中丞宋若思的力量，把他释放了。宋若思把他邀至幕府，并想把他推荐给朝中，但由于唐肃宗忌恨李白参加永王璘事变，这推荐并没有任何反响。这时李白五十七岁了。

也就在这一年九月，唐肃宗收复了长安。但这一次的收复是可耻的，因为，借助的是回纥兵，而且约定：打开城的时候，土地和上等人士归唐，金银布帛和壮丁妇女归回纥。[1]这像什么话？牺牲一切，为换得统治权！

---

①《资治通鉴》，卷二百二十。

在收复长安的情形下,统治者该对李白好些了吧。并不然,统治者越得势,对人民却是越压迫的。第二年,就仍然为了永王璘的事件,要把李白流放到夜郎(现在贵州遵义一带)去。

在这几年中间,和李白同时的诗人王维,是曾一度为安禄山捉了去,当了伪官,幸亏他弟弟王缙是大官,才没判罪。杜甫呢,则回过陕北的家,也曾陷入贼中,却又找到唐肃宗,经过颠沛流离,这时又回到长安。这时杜甫十分不放心李白,在听不到李白的消息中,曾写《不见》一首:

不见李生久,佯狂真可哀。
世人皆欲杀,吾意独怜才。
敏捷诗千首,飘零酒一杯。
匡山读书处,头白好归来。

他总以为李白也许死了,就又有《梦李白》二首:

死别已吞声,生别常恻恻。
江南瘴疠地,逐客无消息。

故人入我梦，明我常相忆。
恐非平生魂，路远不可测。
魂来枫林青，魂返关塞黑。
君今在罗网，何以有羽翼？
落月满屋梁，犹疑照颜色。
水深波浪阔，无使蛟龙得！

浮云终日行，游子久不至。
三夜频梦君，情亲见君意。
告归常局促，苦道来不易。
江湖多风波，舟楫恐失坠。
出门搔白首，若负平生志。
冠盖满京华，斯人独憔悴。
孰云网恢恢，将老身反累。
千秋万岁名，寂寞身后事！

这简直像挽歌了。杜甫现在对于李白，是了解得更多了些。“若负平生志”，知道李白原也有些抱负，并不只是痛饮狂歌，飞扬跋扈的。这是因为杜甫也年纪大了，阅历多了。

可是李白并没有死。他在还没有到达夜郎，只到了巫山三峡的时候，就被赦了。这也不是由于对李白有什么新的认识，而是由于立太子要大赦，天旱要大赦，赦是一般的赦，而李白也被赦就是了。这时是759年，李白五十九岁了。

李白死在762年。从五十九岁到死（六十二岁），这三四年期间，是他最后的漫游。这回漫游的范围，是由湖南、湖北到了江苏、安徽。

他这时已看透一切，却也憎恶一切。他说："头陀云月多僧气，山水何曾称人意。"连平素喜爱的山水也不满起来了。他愿意破坏一切："我且为君捶碎黄鹤楼，君亦为我倒却鹦鹉洲！"（《江夏赠韦南陵冰》）

他平常所羡慕的神仙，到最后也觉得不可靠："仙人殊恍惚，未若醉中真！"（《拟古》十二首，其三）

学道与从政，本是他的两大起伏矛盾的要求，最后是承认都失败了："富贵与神仙，蹉跎成两失"（《长歌行》）。

他晚年的心情是沉痛的：

门有车马宾，金鞍耀朱轮。

谓从丹霄落，乃是故乡亲。
呼儿扫中堂，坐客论悲辛。
对酒两不饮，停觞泪盈巾。
叹我万里游，飘飖三十春。
空谈帝王略，紫绶不挂身。
雄剑藏玉匣，阴符生素尘。
廓落无所合，流离湘水滨。
借问宗党间，多为泉下人。
生苦百战役，死托万鬼邻。
北风扬胡沙，埋翳周与秦。
大运且如此，苍穹宁匪仁？
恻怆竟何道，存亡任大钧！

——《门有车马客行》

痛苦到极点，于是一切认命了。

但他对于国家，却还是关怀的。在他“传闻赦书至，却放夜郎回”的时候，个人问题虽然解决，但却仍然“中夜四五叹，常为大国忧”（《赠江夏韦太守》）。而且当李白逝世的前一年（六十一岁了），李光弼出镇临淮，要和史朝义决战的时候，他还想请缨，因为病，才半道而还。他作有《闻李太尉大举秦兵为募出征东南懦夫请缨冀申一割之用半道病还留别金陵崔侍御十九韵》。李白的爱国思想和爱国行动，可说贯彻到最后的呼吸中了。

至于他晚年的漫游生活，也丝毫没有改善，依然是在流浪与寄食之中。当他流浪到安徽南部的当涂，住在他的族叔李阳冰那儿的时候，病倒了。他一生的壮志没得施展，老是漂荡，漂荡，漂荡。他惯好以大鹏自比，于是仍以大鹏自居，写下了最后的《临终歌》：

大鹏飞兮振八裔，中天摧兮力不济。
余风激兮万世，游扶桑兮挂左袂。
后人得之，传此。
仲尼亡兮，谁为出涕？

李白一生在文学上最佩服谢朓，他也就葬在谢朓所常去的青山之旁。

这就是为中国人民热爱的诗人李白的一生。他病死了，传说他是捞月而死，让他死得更有诗意些。他真死了，却又传说他没有死,隔了几百年的人还说又曾逢见他。他生前虽不得意,死后却一直是在中国人民心里被普遍地敬爱着。

七 李白的诗

明　仇英　桃源仙境(局部)

李白究竟是诗人,在我们谈过他的一切之后,应该谈到他的创作。他的创作是已经达到了这样的水平,中国自来讲诗的人就早已把他当作了我们的古典诗人之一,当作了诗人中的模范人物之一,是放在中国第一流诗人像屈原、杜甫的行列里了。

他的诗给人的第一个印象是自然。我们试读:

海客乘天风,将船远行役。
譬如云中鸟,一去无踪迹。

——《估客行》

横江馆前津吏迎，向余东指海云生。

“郎今欲渡缘何事？如此风波不可行！”

——《横江词》六首，其五

白发三千丈，缘愁似个长。

不知明镜里，何处得秋霜？

——《秋浦歌》十六首，其十五

青天有月来几时？我今停杯一问之。

人攀明月不可得，月行却与人相随。

皎如飞镜临丹阙，绿烟灭尽清辉发。

但见宵从海上来，宁知晓向云间没？

白兔捣药秋复春，嫦娥孤栖与谁邻？

今人不见古时月，今月曾经照古人。

古人今人若流水，共看明月皆如此。

唯愿当歌对酒时，月光常照金樽里。

——《把酒问月》

水入北湖去，舟从南浦回。

遥看鹊山转，却似送人来。

——《陪从祖济南太守泛鹊山湖》三首，其三

玉壶系青丝，沽酒来何迟？
山花向我笑，正好衔杯时。
晚酌东窗下，流莺复在兹。
春风与醉客，今日乃相宜。

——《待酒不至》

两人对酌山花开，一杯一杯复一杯。
我醉欲眠卿且去，明朝有意抱琴来。

——《山中与幽人对酌》

对酒不觉暝，落花盈我衣。
醉起步溪月，鸟还人亦稀。

——《自遣》

都到了自然可惊的地步。经验告诉我们，大凡初读诗的人，没有不喜欢李白的，一接触就喜欢，对杜甫，就必须阅

历深了，读书多了，年纪大些了，才能爱好。原因就在李白除了那样磅礴的气魄，创造的诗境之外，又用了这样明白如话的句子，读起来，就像我们自己嘴里哼出来似的。“清水出芙蓉，天然去雕饰”，古人就已经用李白自己的诗句来称道李白了。[①]

我们试进一步分析，他之所以能达到这样可惊的自然的地步，大概一由于他那“明月直入，无心可猜”（《独漉篇》）的坦白直爽的性格，二由于他肯向民歌学习，一如他肯和民众做朋友（像村人汪伦、善酿纪叟等）。他向民歌学习的证据是：在他现在的全集中，诗文合在一起，一共近一千篇，其中有一百五十篇是乐府，那就是差不多占六分之一，其他近于乐府的歌行还不算。乐府大部分正是民歌。

以李白所写的乐府论，虽然采取旧题，大都在主题上有了新的创造。例如《行行游且猎》，古人是讲皇帝游猎的，李白就拿来写边城儿的游猎；《乌夜啼》本只是叙离别的，李白就拿来写浓厚的反对侵略战争思想；《前有樽酒行》本是祝宾主长寿的，李白就拿来写及时行乐的情感；

---

① 《渔隐丛话》引王安石语。

《独漉篇》原是为父报仇的，李白却拿来写为国雪耻。

李白对于民歌是熟悉、了解，而且能采用得很好的。像：

孔雀东飞何处栖，庐江小吏仲卿妻。

为客裁缝石自见，城乌独宿夜空啼。

——《庐江主人妇》

这就是把两首民歌——《孔雀东南飞》和《艳歌行》——合写而成。像"缲丝忆君头绪多"（《荆州歌》），就是采取民歌的表现方式——谐音，用"丝"来代"思"的。像"博山炉中沉香火，双烟一气凌紫霞"（《杨叛儿》），这是了解到《古杨叛曲》中的"欢作沉水香，依作博山炉"之性爱的隐语——也是民间习惯的表现方式，而更明显地写作"双烟一气"的。无怪乎明代的批评家杨慎说"乐府之妙思益显，隐语益彰"了。因此，他自己的一部分创作也就和民歌无别了：

裂素持作书，将寄万里怀。

眷眷待远信，竟岁无人来。
征鸿务随阳，又不为我栖。
委之在深箧，蠹鱼坏其题(信封写名的地方)。
何如投水中，流落他人开？
不惜他人开，但恐生是非。

——《感兴》八首，其三

从前人也很知道李白的诗是近于民歌。说他“趋风”[①]，说他“与汉魏乐府争衡”[②]，正是指出他和《诗经》中的民谣部分接近，和包含民歌最多的汉魏乐府接近的。李白的绝句最有名，有的批评家并认为在这方面杜甫都要让步[③]，可是绝句的根源还是乐府[④]，亦即主要来源还是民歌。李白特别擅长乐府，我们又可以从下列一个事实看出来，就是传说他在五十九岁的时候，因为看见十一岁的韦渠牟有作诗

① 明刘世教《合刻李杜分体全集序》。
② 黄庭坚《山谷文集》。
③ 王世贞《艺苑卮言》。
④ 明李维桢说。

天才，便特别“授以古乐府之学”[1]。

我们可以完全肯定地说，李白在诗的创作上有那样高的成就，向民间文艺学习是一个重要的因素。

可是我们不能忽略另一方面，这就是李白的学习是不止一方面的，和他从民歌里学习得来的自然的风格相反，他又向魏晋六朝的诗人刻苦学习。这首先表现在运用典故，也运用到纯熟可惊的地步。例如他遇见姓什么的人，就用那姓什么的古人的事情作诗：

亦闻温伯雪（用《庄子》温伯雪子适齐反的故事），独往今相逢。

——《送温处士归黄山白鹅峰旧居》

谁念张仲蔚（一个隐居的高士），还依蒿与蓬。

——《鲁城北郭曲腰桑下送张子还嵩阳》

西羌延国讨，白起（秦时名将）佐军威。

① 《唐诗纪事》。

——《送白利从金吾董将军西征》

好鹅寻道士(王羲之的故事),爱竹啸名园(王子猷的故事)。

——《题金陵王处士水亭》

这是非把典故记熟做不到的。同时,他用典很确切,例如他用马援六十二岁时据鞍顾盼,表示还可有为,被称为“矍铄翁”的故事,说:“愧无秋毫力,谁念矍铄翁?”(《流夜郎半道承恩放还兼欣克复之美书怀示息秀才》)那时李白也正是六十岁左右了,也正是壮心仍在的。他很能用典故来表现他浓烈的情感,像“爱子隔东鲁,空悲断肠猿”(《赠武十七谔》),这是用桓温部下杀了猿猴的儿子,而老猿伤心死去,剖开来看,肠子都断了的故事,那时正是天宝之乱,李白惦记自己的爱子的时候。李白的用典又是有创造性的,像“城崩杞梁妻,谁道土无心”(《白头吟》二首,其二),本是用王充《论衡》中指责城是土的,没有心,不会被人哭坏的,但他偏说能哭坏,可见也是有心肠了。

更有趣的是,李白非常爱用古代的神话,可是把它人情化了。“下视瑶池见王母，蛾眉萧飒如秋霜”(《飞龙引》二首，其二)，西王母本是长生不老的神仙，李白却说见她的眉毛也老得白了。“麻姑垂两鬓，一半已成霜。天公见玉女，大笑亿千场”(《短歌行》)，“月兔空捣药，扶桑已成薪”(《拟古》十二首，其九)，这就是，天公也成了一个豪放的诗人，月亮中的兔儿也成了一个徒劳无功的傻子。李白在写乐府时，有他的创造；在运用典故时，有他的创造；在采用神话时，也有他的创造。

用典之外，就是在句法上，李白的诗里也有很深的魏晋六朝诗的烙印。这是像：

朝弄紫泥海，夕披丹霞裳。

——《古风》五十九首，其四十一

扬帆借天风，水驿苦不缓。

平明及西塞，已先投沙伴(谢灵运诗：投沙理既迫)。

回峦引群峰，横蹙楚山断。

砯冲万壑会，震沓百川满。

龙怪潜溟波，俟时救炎旱。

我行望雷雨，安得沾枯散。

鸟去天路长，人愁春光短。

空将泽畔吟，寄尔江南管（谢朓诗：要取洛阳人，共命江南管）。

——《流夜郎至西塞驿寄裴隐》

君还石门日，朱火始改木。

……

缘溪见绿筱，隔岫窥红蕖。

……

——《金门答苏秀才》

这就是所谓“选体诗”——像《文选》里的诗那样的体裁的。朱熹甚而说：“李太白始终学选诗，所以好。”[①]我们虽然不赞成像这样片面夸张的说法，但李白曾“学选诗”，却是没有问题的。

---

①《朱子语类》。

在魏晋六朝的诗人中,李白最佩服的诗人是大小“二谢”(谢灵运、谢朓),尤其是小谢。《梦游天姥吟留别》一诗中说:“我欲因之梦吴越,一夜飞度镜湖月。湖月照我影,送我至剡溪。谢公宿处今尚在,渌水荡漾清猿啼。脚着谢公屐,身登青云梯。”这就是写对于大谢的怀想的。对于小谢的怀想那就更多,什么“我家敬亭下,辄继谢公作。相去数百年,风期宛如昨”(《游敬亭寄崔侍御》),什么“三山怀谢朓,水澹望长安”(《三山望金陵寄殷淑》),什么“诺谓楚人重,诗传谢朓清”(《送储邕之武昌》),“谁念北楼上,临风怀谢公”(《秋登宣城谢朓北楼》),“谢亭离别处,风景每生愁。……今古一相接,长歌怀旧游”(《谢公亭》),“玄晖(谢朓的字)难再得,洒酒气填膺”(《秋夜板桥浦泛月独酌怀谢朓》),“蓬莱文章建安骨,中间小谢又清发”(《宣州谢朓楼饯别校书叔云》),真可以说是倾倒备至了。[①]

李白对于魏晋六朝的关系之密切,又可以从几件事上看出来。一是李白所用的典故之中,以魏晋六朝的事为最多。二是李白常称风雅,而风雅多半是指谢安那样的

① 清代诗人王士祯已看出这点,说他“一生低首谢宣城”(《论诗绝句》)。

气度：

安石在东山，无心济天下。
一起振横流，功成复潇洒。
大贤有卷舒，季叶轻风雅。
匡复属何人，君为知音者！

——《赠常侍御》

所以，李白所羡慕的是魏晋人的风流，李白所要达到的是六朝期间大小"二谢"的诗歌水平。无怪李白常往来于金陵，也无怪李白最后是留恋小谢所住的宣城，终于葬在谢家山水之旁了。

现在我们可以回到"清水出芙蓉，天然去雕饰"这句话了。从一方面看，未尝不可以作为他的诗的自然的倾向的证据，这自然也是对的；但从另一方面看，这两句诗是出自《经乱离后天恩流夜郎忆旧游书怀赠江夏韦太守良宰》的，上边的两句是："览君荆山作，江鲍堪动色。"可知恰是以六朝诗人的成就赞美别人。再说"清水出芙蓉"的出处，是见于钟嵘《诗品》中所引汤惠休批评谢灵运的诗的。从此，就可知李白诗的风格，一方面是来自民歌，一方面是来自六朝，它的会合处就是“清水出芙蓉”的“清”，“诗传谢朓清”的“清”，“中间小谢又清发”的“清”。真的，李白的诗正是那样澄澈，那样朗朗然，那样明净，那样一尘不染的——这也正像他的人格，坦率潇洒，亮晶晶的！

但是，这样是不是就可以概括李白的整个诗了呢？还不够。李白的诗又有一种“黄河之水天上来”的气魄，有一种天上地下的豪气，有一种给人极大的解放之感的愉快。他高兴了时，就唱道：“人生得意须尽欢，莫使金樽空对月！”（《将进酒》）不得意时，却又唱道：“抽刀断水水更流，举杯消愁愁更愁。人生在世不称意，明朝散发弄扁舟。”（《宣州谢朓饯别校书叔云》）我们在他的诗里，是像听到“为我一挥手，如听万壑松”（《听蜀僧濬弹琴》）那样的琴声；是像见到“墨池飞出北溟鱼，笔锋杀尽中山兔”（《草书歌行》）那样的书法。他仿佛很超然，像带我们远离人世，但又马上让我们接触现实，悲愤地关切到人民的灾难：

西上莲花峰，迢迢见明星。
素手把芙蓉，虚步蹑太清。

霓裳曳广带，飘拂升天行。
邀我登云台，高揖卫叔卿(古时的仙人)。
恍恍与之去，驾鸿凌紫冥。
俯视洛阳川，茫茫走胡兵。
流血涂野草，豺狼尽冠缨。

——《古风》五十九首，其十九

当我们读到“五花马，千金裘，呼儿将出换美酒，与尔同销万古愁”(《将进酒》)，或者“落日欲没岘山西，倒着接篱花下迷。襄阳小儿齐拍手，拦街争唱《白铜鞮》。傍人借问笑何事，笑杀山公醉似泥。鸬鹚杓，鹦鹉杯，百年三万六千日，一日须倾三百杯。……清风朗月不用一钱买，玉山自倒非人推”(《襄阳歌》)，就让人有一种精神上的解放的痛快。

只有把这三点统统把握到：接近民歌，学习六朝，自具像“万马奔腾”“黄河一泻千里”的诗境，才能见出他的诗的特色。

通常有一个误会，以为杜甫的诗靠学力，李白的诗靠才气。其实不然。杜甫的才气也并不小，而李白的学力也是很深的。我们敢确切地说，李白在诗上是经过一个刻苦的学习阶段,而且时时继续地刻苦学习着的。现在的集子中,有很多作品,是属于习作的性质,如《白纻词》学鲍照,《邯郸才人嫁为厮养卒妇》学谢朓,《陌上桑》学古乐府,《古意》也是学古乐府,而《学古思边》,更明白标出是一种习作了。我们还看到他先有小篇的练习,又逐渐组织成大篇的痕迹,如《襄阳曲》原是四首短歌,而《襄阳歌》就是大篇了;如《送友人入蜀》,原是简单地形容蜀道之难的,但到了《蜀道难》,就尽量发挥了。再像崔颢写的《黄鹤楼》诗,李白曾一度模仿了作《题鹦鹉洲》,再度模仿了作《登金陵凤凰台》,他是不惜学习、学习,再学习的。

李白非常喜欢读书。他在宫廷里,不忘读书,所谓“片言苟会心,掩卷忽而笑”(《翰林读书言怀呈集贤诸学士》),简直读傻了。他在监狱里不忘读书,《送张秀才谒高中丞》一诗的序上就说:“余时系寻阳狱中,正读《留侯传》。”

他常常背诵古人的诗句,背诵时并加赞扬。像“我乘素舸同康乐(谢灵运),朗吟清川飞夜霜。昔闻牛渚吟五章,今来何谢袁家郎(袁宏)”(《劳劳亭歌》),“解道澄江净如练(谢朓的诗句),令人长忆谢玄晖”(《金陵城西楼月下吟》),“我吟谢朓诗上语,朔风飒飒吹飞雨(谢朓诗:‘朔风吹飞雨')。……顿惊谢康乐,诗兴生我衣。襟前林壑敛暝色,袖上云霞收夕霏"(《酬殷佐明见赠五云裘歌》,"林壑敛暝色,云霞收夕霏"都是谢灵运诗句),"登舟望秋月,空忆谢将军(谢尚)。余亦能高咏,斯人不可闻"(《夜泊牛渚怀古》),"北堂见明月,更忆陆平原"(《题金陵王处士水亭》,陆机诗:"安寝北堂上,明月入我牖。")。可知他记得很熟,并常常念道。

这都证明他的诗曾经过一段苦功夫。不用说,如果他单凭才气,诗中的典故是不会那样纯熟而恰当的。传说他"三拟《文选》,不如意,辄焚之,唯留《恨赋》"①,这个传说相当有真实性,不但见他有刻苦的学习过程,而且见他学习的重要内容之一曾经是《文选》——这又可以帮助我们理解他和六朝的关系了。

就文学史的见地说,李白在诗上是继续着他的前辈陈子昂(656—698)的复古运动的。陈子昂瞧不起齐梁所传下来卑弱的诗,他想恢复到三国时建安的风格上去。他作有《感遇诗》三十八首,就是实现他的主张的。李白也有同

① 段成式《酉阳杂俎》。

样主张，尤其到了晚年，他说“自从建安来，绮丽不足珍”（《古风》五十九首，其一），而他的《古风》五十九首，也就是实践。唐代诗的复古运动，可说由陈子昂开了端，到李白就声势浩大了。在这种意义上，李白在诗里的地位，是相当于散文方面的韩愈的。所以韩愈也就在这种基于同情的估价上，赞扬李白，并说“国朝盛文章，子昂始高蹈”（《荐士》），那也是认明李白的事业，是基于陈子昂而做了进一步的发展。

不过诗的主张是一回事，而诗的实际成就又是一回事。李白在诗的实际成就上是吸取了民歌的长处，吸取了六朝诗人的成绩（却扬弃了六朝人卑弱的风格），以“黄河之水天上来”的独自的气魄，而与我们相见的。所谓恢复建安，也只是一个口号而已。所以，我们与其认为李白是复古，不如说是创新——在民歌和六朝的基础上创新。

就李白的前后看，他的先驱是陈子昂，如我们上面所说。再往前，应该追溯到西晋的左思，和西晋东晋之交的郭璞。在事业心上，尤其追慕像鲁仲连那样的事业上，李白像左思；在热心求仙学道而又浓挚地关切人世上，李白像郭璞。更往前，像李白这样的情感与理智的交织，入世出世的苦闷矛盾，执着而又超脱，那就像屈原。往以后看，能学李白的诗的并不多，欧阳修虽崇拜李白，但究竟和李白相同处少。反之，杜甫却在更广阔的面上，使许多人追踪着了！

八 简单的结论

明　仇英　渔笛图(局部)

李白是这样的诗人:在一生长期的流浪中,从政和学道是他基本的矛盾(他的人格是相当复杂的,矛盾也是多方面的),可是由于眼见统治阶级的腐烂凶残,这矛盾逐渐解决(自然不是很理想地解决),他厌弃了从政,而学道也终归幻灭,最后他逃避于酒。封建社会中对文人是没有正当的尊重的,而且,在那时候的条件下,他也不可能当一个职业作家,虽然人民仍是喜爱他。他的苦闷和不幸是一般封建社会底下文人的苦闷和不幸。

李白是这样的一个诗人:经过天宝之乱,在情感上,他和人民更接近了一步,他不赞成侵略战争(哪怕是发动自本国,例如征云南);反抗侵略他却认为是应该的。他晚年的作品更表现了他的爱国思想。他也歌颂过劳动人民，像他的“炉火照天地，红星乱紫烟。赧郎(歌声)明月夜，歌曲动寒川”(《秋浦歌》十六首，其十四)，就是写当地的矿工的；他也关怀劳动人民的生活，“田家秋作苦，邻女夜舂寒”(《宿五松山下荀媪家》)，“吴牛喘月时(大热天)，拖船一何苦。水浊不可饮，壶浆半成土。……万人系磐石，无由达江浒”(《丁都护歌》)；他更赞成有利于人民的工程建设事业，“齐公凿新河，万古流不绝。丰功利生人，天地同朽灭”(《题瓜洲新河饯族叔舍人贲》)。当然，这类作品在他全部创作中占的比重并不太大。在劳动人民中他也结交了朋友，他对他们流露了深厚真挚的情感，“李白乘舟将欲行，忽闻岸上踏歌声(就是秧歌)。桃花潭水深千尺，不及汪伦送我情”(汪伦是一个农民)，“纪叟黄泉里，还应酿老春(酒名)。夜台无晓日，沽酒与何人?”(《哭宣城善酿纪叟》，纪叟是一个卖酒的。)

李白是这样的一个诗人：他的人格虽然复杂，也有一些小毛病，例如夸大，自居优越，凭恃自己的才气，又有时把享乐放在第一位，甚而不免时而留恋并向往上层统治阶级的生活，但是他有极其优良高贵的品质，这就是坦率潇洒,“明月直入,无心可猜”(《独漉篇》),他决不使用害人的小心眼儿;他常是乐观的,“我觉秋兴逸,谁云秋兴悲”(《秋日鲁郡尧祠亭上宴别杜补阙范侍御》),他不爱作儿女的哭泣;同时,他曾屡次说宁为松柏,不作桃李,“桃花开东园,含笑夸白日。……岂无佳人色,但恐花不实。……讵知南山松,独立自萧瑟”(《古风》五十九首,其四十七),“愿君学长松,慎勿作桃李。受屈不改心,然后知君子”(《赠韦侍御黄裳》),“为草当作兰,为木当作松。兰幽香风远,松寒不改容”(《于五松山赠南陵常赞府》),“多花必早落,桃李不如松”(《箜篌谣》)。所以,他虽然受了打击,可是“空摧芳桂色,不屈古松姿”(《赠易秀才》),他的自持是这样的。

李白是这样的一个诗人:他的诗的艺术,已经达到了中国文学中的高峰,在他同时的诗人中,只有杜甫可以同他比肩,然而也是各有短长,例如他的乐府绝句,杜甫就未必能及得上,正如他的律诗,便要向杜甫低头。在他前后的诗人中,是只有像屈原那样的第一流的诗人才可以和他并提。他吸取了民歌的长处,他的乐府都有了新的创造;他善于使用民间活的语言,他善于使用民间的艺术形式；但他也刻苦地向前人学习，他时常讽诵前人的诗章，尤其是魏晋六朝间大诗人的作品。他也有诗的主张，“清水出芙蓉，天然去雕饰”（《经乱离后天恩流夜郎忆旧游书怀赠江夏韦太守良宰》），他是要求自然，要求本色的；“自从建安来，绮丽不足珍”（《古风》五十九首，其一），他是要求有力，要求大方的。他继承陈子昂复古的口号，成为唐诗黄金时代的奠基者之一；而他自己的作品，更有一种特色，那就是“黄河之水天上来”（《将进酒》），有一种不可比拟的奔放的气魄，没有任何拘束，这是别的诗人赶不上的。

因为这样，李白是中国人民热爱的诗人。在民间传说中的印象也大致是对的（虽然程度上也许放大了些）：因为他刻苦学习，所以传说他逢见“钢梁磨绣针”的老太婆，所以传说他曾三拟《文选》；因为他有不屈的人格，所以传说他有“傲骨”，弯不下腰，而在他的事迹中，也特别称道他曾叫高力士脱过靴，这是证明他敢于嘲弄权贵的；因为他有爱国思想，所以传说他写了《吓蛮书》，那是要证明他在轻视、蔑视、仇视侵略我们的敌人！这就是人民对于李白的了解，了解中自然也包含着对于像李白那样的诗人的期待。

1951年2月1日至10日，春节中写讫
11日(农历正月初六)改毕，在北京
25日，重改毕；3月2日，三次改毕